アクティブラーニングで学ぶ
Active Learning

福祉科教育法

藤田久美
［編著］

高校生に福祉を伝える

一藝社

はじめに

「子どもたちは教育で変わると思います。高校福祉科で３年間学んだ生徒の成長からその可能性を感じています。福祉科教員の立場から考えるとすべての高校生に福祉を学ぶ機会が与えられることを望んでいます」

高校福祉科に勤務している高校教員の声です。

福祉科を選択した生徒の成長を語る教員の言葉に耳を傾けると、高校生が福祉を学ぶ意義や必要性を再考することができます。

福祉を題材にした学習には、私たちが他者と共に生きていくために必要な知識や技術が含まれています。また、「幸せに生きるとは何か」「他者と共に生きるとは何か」ということを、考えさせてくれる学習でもあります。

高校福祉科では、高齢者福祉や障害者福祉等について理解を深め、社会福祉の制度や各種サービスを学び、さらに実習やボランティアという体験学習も準備されています。高校３年間は、勉強や部活等、忙しい毎日を過ごす生徒が少なくありません。

一方、多感な時期でもあり、将来をイメージしながら「自分とは何か」「自分はどう生きたいのか」を問う時期でもあるでしょう。友人や教員との出会いやかかわりを通して葛藤しながらも成長する時期です。福祉科の生徒は、地域社会に生きる多様な人々に出会う機会が教育活動に準備されているため、出会いや体験の幅も広がります。

高校教員の言葉にもあったように、このような経験が高校時代にあることで、生徒たちの心の成長発達に大きな影響を与えていくでしょう。めまぐるしく移り変わる時代を迎えた今だからこそ、生徒の心に育てたいものを福祉教育は可能にしてくれるのではないでしょうか。

さて、私が勤務する山口県立大学では、1999（平成11）年の「学校教育法施行規則」の一部改正ならびに「高等学校学習指導要領」の改訂、及び2000（平成12）年「教員免許法の一部を改正する法律」公布に伴い、高等

学校（福祉）の教員免許取得の課程が新設されたことを受け、2001年（平成13年）に、本学で高校福祉科の教員養成をスタートさせました。

公立大学の社会福祉士養成校として、高校生の福祉教育に携わる人材を育てるだけでなく、福祉教育の推進者・実践者として、社会福祉の学びをベースに、子ども・地域住民を対象とした福祉教育に携わる人を養成することも視野に入れてきました。

教員養成をスタートさせて16年たった今、卒業生たちが様々な場で活躍しています。高校福祉科や総合学科で教科「福祉」を担当する教員、特別支援学校教員や小学校教員、スクールソーシャルワーカー、社会福祉協議会で福祉教育に携わる地域福祉コーディネーター、福祉施設ソーシャルワーカーなどです。高等学校「福祉」の教員免許取得者として、その専門性を発揮し、共生社会の実現のために、それぞれの場で、福祉を伝える人として、社会的役割を担っていることをうれしく思っています。

本書のタイトルは「アクティブラーニングで学ぶ福祉科教育法」。

高校の福祉科教員を目指す学生が本書をきっかけとして、主体的に学ぶことのできる要素を含みました。

また、福祉教育のキーワードである「共に生きる教育」について、学生一人ひとりが心を動かしながら学ぶことのできる内容になっています。

高校生に福祉を教える立場になる福祉科教員を目指す大学生の教科書（副読本）として作成したものですが、高校生だけでなく、すべての子どもたちの福祉教育に携わる教員や社会福祉協議会、青少年教育施設等で教育事業にかかわる方にも読んでいただけたら幸いです。

編著者　山口県立大学社会福祉学部 教授　藤田 久美

もくじ

はじめに	2
この本における《アクティブラーニング》の捉え方	6

第1章　高校における福祉教育の意義を考えよう

	学びの視点	9
1	福祉教育の必要性と意義	10
2	福祉科設置の経緯と福祉科の実際	12
3	ボランティア活動を通して学ぶ福祉	15

第2章　高校生に福祉を教える教師から学ぼう

	学びの視点	17
4	高校福祉科の生徒の姿	18
5	高校福祉科の教員の仕事	20
6	専攻科の教育と可能性	22
7	高校教員からの声	
	7-1　福祉科教員の対談から	24
	7-2　福祉科教員からのメッセージ	28

第3章　福祉の授業づくりにチャレンジしよう

	学びの視点	31
8	高校福祉科の教育目標と教科	32
9	授業づくりにチャレンジしよう	
	9-1　経験を通して学ぶ	34
	9-2　学習指導案を作成しよう	36
	9-3　福祉科の授業における教材研究のポイント	38
	9-4　福祉科の授業におけるワークシートの紹介	40
	9-5　アクティブラーニングを導入した授業を計画してみよう	44
	9-6　ICTを導入した授業を計画してみよう	46
	9-7　模擬授業の実際から	48

第4章　教育実習を通して学ぼう

　　　　　　　　　　　　　　　　　　　　　　　　　学びの視点　　53
　10　教育実習の前に
　　　　10-1　社会人として　　　　　　　　　　　　　　　　　54
　　　　10-2　福祉を教える、伝える大人（教師）として　　　　55
　　　　10-3　教育実習の前に　　　　　　　　　　　　　　　　56
　11　教育実習を通して学ぶ
　　　　11-1　生徒と教員の出会いから学ぶ　　　　　　　　　　57
　　　　11-2　授業の省察と成長　　　　　　　　　　　　　　　58
　12　学び続ける教師になろう　　　　　　　　　　　　　　　　59

第5章　福祉を伝え、福祉の輪を広げよう
　　　　　　　──高校生を対象とした福祉教育実践から──
　　　　　　　　　　　　　　　　　　　　　　　　　学びの視点　　61
　13　福祉教育プログラムを企画してみよう
　　　　13-1　地域で進める福祉教育の可能性　　　　　　　　　62
　　　　13-2　福祉教育プログラムの企画・実践　　　　　　　　63
　14　高校生を対象とした福祉教育実践の実際
　　　　　　　──はーと♡ふくし講座の実践から──
　　　　14-1　高齢者福祉を題材として　　　　　　　　　　　　65
　　　　14-2　障害者福祉を題材として　　　　　　　　　　　　68
　　　　14-3　ボランティア活動を題材として　　　　　　　　　71
　15　共に生きる教育《福祉教育》をすすめていく人として　　　73
　　　　　　　──福祉を伝え、福祉の輪を広げよう──

参考文献　　　　　　　　　　　　　　　　　　　　　　　　　75
あとがき　　　　　　　　　　　　　　　　　　　　　　　　　76
編者者・執筆者紹介　　　　　　　　　　　　　　　　　　　　78

装丁＋イラスト＋本文基本デザイン　アトリエ・プラン

この本における《アクティブラーニング》の捉え方

アクティブラーニングで学ぼう！

　本書は、章ごとに「アクティブラーニング」のコーナーを設け、読者のみなさんが主体的に学ぶことができるようにしています（コーナーには《Active learning》の頭文字《AL》に基づく　　　　　　　　のマークが付いています）。

　福祉教育のキーワードの一つである「共に生きる教育」に着目して、共生社会の実現に向けて、一人ひとりの《気づき》《考え》を、自分の言葉で表現し、学ぶ仲間と共有する作業を大切にして下さい。

　学びの過程では、文献を読む、ノートに書く、体験をする、ふりかえる等のアクティブラーニングも必要になるでしょう。

　学んだことを他者に教えたり、伝えたりする活動にもつなげていきましょう。

　本書の副題にもあるように、「高校生に福祉を伝える」ことを目標として下さい。高校における福祉教育の意義や、福祉の授業づくり、教育実習の体験学習をもとに、学びを深化・発展できるように学んでいきましょう。

◀心を動かして考えよう（ハートマーク）
　自分の気づき・考えを大切にしながら、学びましょう。高校生に福祉を伝えたり、教えたりする立場になるということをイメージしながら学んでいきましょう。「どんな教員になりたいか」「そのために学ぶことは何か」を問いかけながら学んでいきましょう。

◀書く活動をしよう（えんぴつマーク）
　自分の考えを書いてみましょう。書くことによって、新たな気づきが生まれることもあります。ノートを準備して、心を動かして考えたことを、つづってみましょう。グループワークの時　自分の考えを整理した上で参加できるように準備しましょう。。

◀学ぶ仲間と語ろう（グループワークのマーク）
　他者の意見や考えに、耳を傾けることを大切にしましょう。耳を傾けることで、自分とは違う見方や考え方があることに気がつくでしょう。また、福祉の学習では、仲間と「思い」や「願い」を共有するグループワークも大切にされています。グループワークは、仲間との学び合いのチャンスです。

◀文献・資料を読もう（ブックマーク）
　関心があることや興味があることが見つかったら、本や論文をできるだけ読んでみましょう。また、新聞、インターネット、その他の資料などで、必要な情報を得ましょう。

◀人に教えよう・伝えよう（誰かに伝えているマーク）
　自分の考えや感じたことを、ほかの人に伝える活動をしてみましょう。また、「伝える」「教える」ということは教員のスキルとして重要です。自分自身が学んだことを、人に教えたり、伝えたりする活動をしてみましょう。

◀体験してみよう（積極的な体験学習のマーク）
　この本では「体験学習」を重視しています。大学生のうちに、多くの体験を積み重ねてください。教材研究、ワークシート作成、授業実践等は、演習を通して体験的に学んでください。福祉の現場に出向き、高齢者、障害児・障害者、精神障害者、子ども、地域のボランティア、専門家等、たくさんの人に出会ってください。

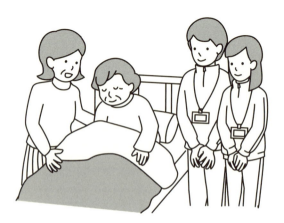

高校における福祉教育の意義を考えよう

第1章

○学びの視点

　第1章では、高校生を対象とした福祉教育の意義や必要性について学んでいきます。

　高校に「福祉科」が設置された経緯について理解した上で、高校生が福祉を学ぶ意義について考えてみましょう。広い意味での「福祉教育」についても学んでいきましょう。そして、教科学習として学ぶ福祉だけではなく、生徒たちがボランティア活動や地域に生きる様々な人とのかかわりを通して成長していく姿を想像してください。その成長にかかわる教員はどのような専門性を持っている人でしょうか。

　高校の福祉科教員のような生徒に福祉を教える人に必要な能力・資質について、考えてみましょう。

01 福祉教育の必要性と意義

共生社会の実現のために

　福祉科教育法を学ぶ前に、まず、「福祉教育」についての理解を深めておくことが大切です。福祉教育と聞いてあなたはどんなことを思い浮かべますか？

　これまで受けてきた学校教育で、「福祉」に関することで学んだことを思い出してみましょう。ある人は「小学校の時に車いす体験をして障害者の方の生活について学習した」、またある人は「中学校の体験学習で高齢者施設に訪問した」と答えるでしょう。

　福祉教育は、このような「体験学習」を主流として学校教育に定着してきました。多くは、障害者や高齢者の理解を深めるための学習が中心になっているイメージがあるでしょう。しかし、広義の福祉教育は、人々の《いのち》や《幸せ》が大切にされる社会を創るための教育として、広く捉えてください。福祉教育のあゆみや福祉教育の考え方について、関連する文献を読み、理解を深めてみてください。そして、「福祉教育」について、あなたの言葉で人に伝えることができるようになってください。

　人々の《いのち》や《幸せ》を大切にする広義の福祉教育について理解し、共生社会の実現における福祉教育の意義や必要性について考えていきましょう。

福祉教育とは

　地域福祉事典によると、「福祉教育（social welfare education）とは福祉課題を素材として社会福祉への理解と関心を深め、住民の主体形成を促す教育実践である」と表現されています。

　私たちの住む社会、多様な人々の生きる社会にはどんな福祉課題があるでしょう。それらの素材としてどのような教育活動が展開できるでしょうか。考えてみましょう。

学校と地域が連携して

　福祉教育は、幼少期からの生涯にわたって行われるべきものであり、学齢期以降も一人の地域住民として社会で生きていく上で、必要な教育です。福祉意識の醸成は、幼少期から、家庭・学校・地域が一丸となって行っていくことが必要になります。

　地域では、地域福祉の推進のために具体的な事業を行っている社会福祉協議会が住民を対象にした福祉教育を行います。社会福祉協議会が、学校と連携することで、教育活動に福祉教育を導入することが可能になります。

福祉教育の必要性と意義

　学齢期に、社会福祉や人間の生活に対する理解を深めることを目的とした学校教育の取り組みがなされることの意義は大きいと思われます。平成14年度に改定された新学習指導要領で「総合的な学習の時間」が創設された後、福祉教育実践が学校の中で取り扱われることが多くなってきた時期がありました。しかし、すべての学校で導入されるものではないため、学校教育においては道徳教育や人権教育などで行われていくことも期待されています。また、他の教科学習の内容にも、福祉をテーマにした学習が含まれることもあります。

　高校の教育活動全般をイメージして、福祉教育の可能性について考察してみましょう。思春期の多感な時期に、人や社会とかかわりながら成長していく高校生にとってどのような教育活動が展開されていくことが望まれるでしょう。また、生徒たちにかかわる教員はどのような福祉観や教育観を持っておくことが重要でしょうか。考えてみましょう。

Active Learning

　福祉教育の必要性や体験学習の方法について、以下の本を読んで考えてみましょう。
　　〇原田正樹編『共に生きること　共に学びあうこと──福祉教育が大切にしてきたメッセージ』（大学図書出版）

　また、以下の本を読んで、福祉教育の意義や必要性について考えてみましょう。
　　〇上野谷加代子・原田正樹監修『新・福祉教育実践ハンドブック』（全国社会福祉協議会）

　これらの書籍だけでなく、関連書籍を読み理解できたことを仲間に伝えましょう。

02 福祉科設置の経緯と福祉科の実際

「福祉科」設置について ——高等学校において福祉教育が必要とされてきた背景

　高等学校の専門学科の１つとしての教科「福祉」は、1999（平成11）年に新高等学校学習指導要領において告示され、2003年度から実施されて、2009年に新学習指導要領が告示されています。

　高等学校で福祉教育が必要とされるようになったのは、「社会の変化と福祉ニーズの増大・多様化」をうけて、「福祉サービスに従事する人材の確保と資質の向上」と「福祉ニーズの多様化に伴うボランティア活動の活発化」のために、福祉に関する教育が重要となってきたという背景があります（1987［昭和62］年、文部省「福祉科について——産業教育の改善に関する調査研究」報告より）。

ニーズの多様化に応えるための専門的な知識、技術の必要性

　高齢化社会が到来するなかで福祉科の設置が検討された当時、日本の社会福祉は従来、生活保護制度に代表されるような金銭的経済給付サービスが中心でした。それが、福祉のニーズの多様化に伴って、障害者や高齢者の生きがいづくりや社会参加の促進事業、在宅での給食サービスや入浴サービスなどのように、福祉サービスの内容も変化してきました。

　このような多様なサービスを供給するためには、専門的な知識と技術を身につけた従事者を確保することが不可欠です。

　また、地域を基盤とした福祉活動の活発化が望まれるなかで、ボランティア活動にも大きな期待が寄せられていましたが、そのためには社会福祉関係のボランティア活動の中心的な担い手となる人を養成すること

が必要となってきていました。

こうした背景から、専門的な知識と技術だけではなく、幅広い観点からの人間教育が根底に置かれた福祉教育の必要性が訴えられました。専門性の根底には、生活体験を通して培われる生活感覚や生活の知恵、あるいは社会人としての基本的な生活態度などがあります。

福祉科設置の経緯とその意義

福祉科設置の意義は、多様化する社会福祉ニーズに対応する人材育成と、人命の尊重と福祉への関心や理解を養うという人間教育にあると言えます。そこから、福祉科のタイプとしては2つのタイプ、すなわち、「専門的な職業人の養成を目指すタイプ」と、社会福祉への関心や理解を深めた「社会福祉関係の高等機関への進学を目指すタイプ」とが提言されました。

さらに、高等学校福祉科設置の提案と時を同じくして、1987（昭和62）年に、「社会福祉士及び介護福祉士法」が公布されました。介護福祉士国家試験の受験資格を取得できる高等学校の教育課程の条件が提示され、全国各地の高等学校に介護福祉士の受験資格を取得できるようなかたちの「福祉科」が設置されることとなりました。

高等学校「福祉科」および教科「福祉」の創設の経緯から見えてくるのは、高等学校福祉科における福祉教育のねらいは、福祉に関する基礎的・基本的な知識と技術の習得を重視して、社会福祉関連の職業に従事する者として求められる能力を育成することだということです。

ただし、それには、福祉社会の一員として求められる福祉観や倫理観の育成という人間教育が根本で支えとなっています。これに、社会福祉の専門職制度の法制化が重なり、高校福祉科の教育内容もその資格制度に連動したものとなっています。

高校福祉科の実際

高校福祉科では、学習指導要領に示される教科「福祉」の科目構成をもとにカリキュラム編成が行われています。しかし、ひと口に高校福祉科といっても、高校卒業時に「介護福祉士」の資格取得のために福祉専門職養成を目指すタイプもあれば、それと比較して普通科目を多く学び、大学や専門学校への進学を目指すタイプもあり、様々です。

いずれのタイプにしろ、教科「福祉」では、福祉や介護などの対人援助に関する専門的な知識・技術を習得します。教科の科目名には「福祉」や「介護」という名称が多く使われており、高校福祉科のカリキュラムでは、ソーシャルワークとケアワークを同時に学ぶよう設定されています。そこで、福祉科教員には、社会福祉に関する専門知識と介護に関する知識・技術等の両方を指導する力が要求されることになります。

　現在、福祉科教員を養成している大学の多くは社会福祉士養成を行っていることもあり、ソーシャルワークについての知識は備えていると思われますが、福祉科の教員を目指す方は介護現場に触れる機会を持つよう望む声もあります。

福祉科教育以外の教科で学ぶ福祉

　福祉というのは人の生活に深く関わるため、福祉の課題は社会の構造や変化、人々の暮らしなど、様々な事柄に連関しています。ですから、高等学校の教育では福祉の内容について、福祉科以外でも学びます。例えば公民科の「現代社会」のなかの、「現代に生きる私たちの課題」では、「ノーマライゼーション」や社会保障制度について、「現代の社会と人間としての在り方生き方」では高齢化に伴う介護あるいは福祉について学びます。

　福祉の内容は他の教科でも学ぶものですが、それは福祉の課題が現代を生きる私たち全員にとっての課題だからです。

　福祉の問題を専門職の方だけでなく市民の皆が共有して取り組むことは、私たちが幸せな人生を送ることができるための条件を整えることになるでしょう。

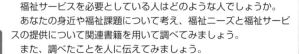

福祉サービスを必要としている人はどのような人でしょうか。
　あなたの身近や福祉課題について考え、福祉ニーズと福祉サービスの提供について関連書籍を用いて調べてみましょう。
　また、調べたことを人に伝えてみましょう。

あなたが高校時代に学んだ教科の中で、福祉について学んだものについて考えてみましょう。高校生が福祉を学ぶ意義についてノートに整理した上で仲間と共有しましょう。

ボランティア活動を通して学ぶ福祉

高校生とボランティア活動

　田中くん（高校3年、男子）は、夏休みに野球部の活動の一環として被災地でボランティア活動を行いました。豪雨災害で瓦礫を片づけるボランティア活動を行った田中くんは、高齢者の方に笑顔で何度も「ありがとう」と言われました。その経験をきっかけに、部活引退後には社会福祉協議会から紹介されたボランティア活動を行っています。

　吉井さん（高校2年、女子）は、高校のキャリア教育の一環で、母親の勤務する障害者支援施設にボランティア活動に行きました。そこで働いている支援員の姿に感銘を受け、障害者福祉に関心を持つようになりました。

ボランティア部での活動を通して成長する高校生

　ボランティア部の顧問をしている吉本先生は、募金活動や清掃活動にとどまらず、生徒たちに様々な体験をしてもらいたいという思いを持っています。

　社会福祉協議会や福祉施設と連携し、生徒たちが福祉活動の体験ができるボランティア活動を斡旋されてきました。

　吉本先生は、「ふだん出会うことのない高齢者や障害者の方との出会いは生徒たちにとって貴重な体験であり、人とかかわる経験を通してコミュニケーションの力を形成し、成長している」と語ります。

ボランティア活動で学ぶ福祉

　ボランティア活動という体験学習を通して、地域に生きる多様な人々との出会いが可能になります。田中さんや吉井さんのように、ボランティア活動は、高校生が福祉を学ぶ機会となり、経験の幅を広げ、人間的成長を促すことにもつながるでしょう。

Active Learning

以下の本を読んで、高校生がボランティア活動する意義や可能性を考えてみましょう。
　〇藤田久美編著「未来につながるボランティア―高校生のためのボランティアハンドブック」
　　（ふくろう出版）
　あなたが高校のボランティア部の顧問だったとしたら、生徒たちにどんなボランティア活動を経験させたいですか。また、その活動を通して、生徒たちにどんなことを学んでほしいですか。考えをノートにまとめて、仲間と共有しましょう。

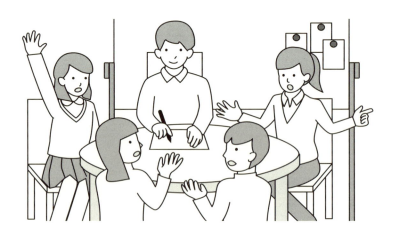

第2章 高校生に福祉を教える教師から学ぼう

○学びの視点

　高校福祉科で学ぶ生徒のこと、そこで教える教員のことを皆さんはどのくらい知っているでしょうか。

　福祉科で学んだ経験のある人には、それらのイメージがあるかもしれませんが、そうでない人にはイメージしにくいことではないでしょうか。

　福祉を学ぶことのできる高校には、福祉科や普通科福祉コース、総合学科の福祉系列など様々な形態があります。各校において生徒の実態に合わせ、特色ある福祉科教育が展開されていますが、この章では、山口県の高校福祉科の例を挙げて紹介します。

　現役の高校の教員から、高校福祉科の生徒の姿や、高校福祉科の教員の仕事内容、福祉科教育への思いなどを伝えていきます。

　自分がめざす理想の教師像を考えるきっかけとして、活用しましょう。

04 高校福祉科の生徒の姿

山口県立周防大島高等学校福祉科を例に

　高校福祉科には、どんな生徒が学んでいるのでしょうか。ここでは、山口県立周防大島高等学校福祉科（以下、周防大島高校）を例に紹介します。
　現在、周防大島高校では、2014年設置の地域創生科（福祉コース）、2016年設置の福祉専攻科において福祉科教育を行っています。

高校福祉科で学ぶ生徒と卒業後の進路

　福祉科637名の卒業生の中には、県内の福祉施設の中核を担う職員として活躍している人や、自分の理想の福祉を追求し、自ら福祉施設を立ち上げた人もいます。

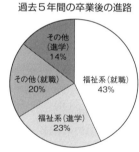

過去5年間の卒業後の進路

出典：山口県立周防大島高等学校

　福祉科は女子生徒が多いイメージがありますが、近年は、男子生徒も上昇傾向にあります。また、卒業後の進路の状況（過去5年）は**右の図**のようになっており、福祉に関係する仕事に就きたいという明確な目標と、それに向けて3年間努力を継続できる強い意志を持った生徒の姿が見えてきます。なお、図中の福祉系（就職）とは、特別養護老人ホームなどへの就職です。福祉系（進学）とは、福祉や看護、リハビリ、保育などの福祉関連分野への進学です。

高校福祉科を選択するということ

　自分が中学生だった頃のことを思い出してみましょう。進学する高校を決める時、どのようなことを考えていたでしょうか。
　福祉科の特徴の1つに、高校卒業後に身に付けた知識技術を直接的に生かせる職業分野が限定されることが挙げられます。それだけ専門性の高いことを学んでいるという証でもあるのですが、高校卒業後の職業まで考えて高校を選択できる中学生は少ないでしょう。福祉科に入学する生徒には、それだけの覚悟と大きな夢があり、同時に学校への期待や不安を胸に秘めているということを

教員は理解しておかなければならないでしょう。

　一方で、少数ではありますが、家族や中学校の教員のすすめで、福祉科に入学する生徒もいます。「福祉科の先生や生徒は優しいから、楽しい高校生活が送れるよ」と言われ入学した生徒が、クラスに馴染めなかったり、福祉施設での実習で悩んだりするということもあります。入学の動機はどうあれ、教員としては、生徒のいろいろな気持ちに寄り添いながら、福祉を学ぶことを通じ、成長してくれることを願って、日々の教育支援を行っています

施設実習の経験

　高校生活の思い出を1つ挙げるとすれば、あなたは何を挙げるでしょうか。卒業間近の福祉科の生徒に同じ質問をすると、多くの生徒が施設実習のことを挙げます。

　福祉科で介護福祉士国家資格の取得をめざす生徒は、3年間で合計65日の施設実習を行います。実習先は特別養護老人ホームや障害者支援施設、デイサービスセンターなどで、実習期間中は自宅から実習施設へ通うことになります。1つの施設で、2〜3人の生徒が実習を行います。

　施設実習での数多くの出会いは、生徒を成長させてくれます。施設利用者からは、これまでの人生経験や今の暮らしへの思いなどを、施設職員からは個に応じた介護技術や、介護の仕事のやりがいなどを教わります。

　学びが多く、思い出にも残る施設実習ですが、一方で生徒に大変な負担のかかるものでもあり、悩みを抱える生徒も出てきます。教員には施設職員と連携した、きめ細かな指導が求められます。

高校での思い出について、グループで話し合ってみましょう。

また、生徒が充実した学校生活を送るためには、何が必要か、グループで意見を出し合い、それらを理想の学校像としてまとめ、発表してみましょう。

05　高校福祉科の教員の仕事

　高校の教員の仕事と聞いて、あなたは何を思い浮かべるでしょうか。授業や部活動を思い浮かべる人が多いでしょうか。高校福祉科の教員の仕事についてみていきましょう。

授業がいちばん

　生徒が学校で過ごす時間の中で、最も長いのは何の時間でしょうか。正解は授業の時間です。授業の時間が充実したものであれば、学校生活も、よりよいものになるでしょう。

　反対に、授業が苦痛の時間となってしまえば、それは生徒にとって大変不幸なことといえるでしょう。

　教員のいちばんの仕事は授業です。生徒の興味関心に合わせて、教材を生かしながら、生徒の指導を行います。

　生徒の中には、授業に意欲的に取り組めない人もいるかもしれません。いろいろな生徒の顔を思い浮かべながら、授業導入部の問題を考えたり、イメージを膨らませる映像を用意したり、クラスの仲間と協力して取り組める演習を計画したりするのも、教員の仕事の楽しみです。

教員の1日・1週間・1年

<教員の1日>		<教員の1週間>	
7:40 出勤	14:25 6限目	月 授業	金 出張
8:30 職員朝礼	15:15 掃除	火 校外研修	土 部活動・模試
8:40 SHR	15:30 終礼	水 授業・会議	日 休み
8:50 1限目	16:00 会議	木 授業	※寮の宿日直
	部活動		

<教員の1年>			
4～6月	7～9月	10～12月	1～3月
入学式	オープンキャンパス	施設実習発表会	介護福祉士国家試験
新入生セミナー	定期考査	授業公開週間	定期考査
PTA総会	小中学生福祉体験	定期考査	高校入試
定期考査	スポーツマッチ	冬期課外	仮入学
生徒総会	防災避難訓練		
施設実習	夏期課外		
文化祭	体育祭		

外部との連携

　福祉科と他学科の違いの1つに、校外での実習が多くあることが挙げられます。長い期間、特別養護老人ホームなどの福祉施設で実習を行うため、生徒も教員も実習に向けた準備を計画的に行わなければなりません。

教員としては特に生徒の実習に対する不安を軽減することに気を配るようにします。事前に実習指導者と打合せを行い、授業の中で実習内容や実習中の注意点などを生徒に伝えます。また、実習指導者を学校に招いて、実習の心構えや施設利用者とのコミュニケーションなどについて講話をしていただくこともあります。

　実習の事前指導の他にも、医療的ケアの授業では医師や看護師に、国家試験に向けた授業では卒業生に講師をお願いすることもあります。福祉科の教育は、外部との連携なしには行えません。

校内の連携

　実習中、生徒が施設職員から注意を受けることの大部分が、礼法・マナーのことです。「自分から挨拶ができない」「服装がだらしなく見える」「なれなれしい言葉づかいになってしまう」「時間に間に合わない」など、ふだんの高校生活そのままの様子が出てしまいます。

　教員は実習を見据えて、ふだんからきめ細かく指導をしなければなりません。ふだんの指導は、福祉教科の教員だけが指導しても効果は上がりません。全ての教職員が連携して、タイミングを逃さずに行うことが大切になってきます。

　そのためには、福祉科の教員が、施設実習のことやそれに向けて指導している内容、生徒の心配な様子などを、積極的に他の教職員に伝える必要があります。

Active Learning

　あなたが、初めて特別養護老人ホームで実習を行う高校生だとしたら、どんなことに不安を感じると思いますか。グループで意見交換をしてみましょう。

　また、グループで出た不安を感じることがらに対して、どのような事前指導があれば、不安を軽減できるか考えてみましょう。

専攻科の教育と可能性

専攻科とは

　2016年4月、山口県立周防大島高校に福祉専攻科が開設されました。福祉専攻科とは、高校等を卒業した人を対象とする2年課程、1学年20名定員の学科で、生徒は介護福祉士国家資格の取得をめざします。

　1期生として6名の入学があり、うち2人が社会人経験者です。これまでの高校福祉科とは生徒の年齢層が異なりますが、高校の教員免許を持つ教員が指導にあたります。福祉科教員の活躍の場が1つ増えたということでもあります。

専攻科がめざす教育

　福祉・介護人材の確保は、日本社会が抱える大きな課題です。団塊の世代が75歳以上となる2025年には、約253万人の人材が必要となるとの国の見通しも示されています。一方で、認知症高齢者や医療的ニーズを併せ持つ高齢者の増加などに対応するため、これまで以上に介護職員の専門性が求められています。

　さらに、資格を持たない人や外国人労働者の福祉現場への流入も予想されます。多様な人が協働し、チームで質の高いサービスを提供するためにはリーダーの役割が重要となってきます。今、福祉の現場では、リーダーとなってくれる人材を求めています。

　周防大島高校福祉専攻科では、福祉現場のリーダーの養成をめざし、リーダーに求められる3つの力を育む特色ある教育を展開しています。

<リーダーに求められる3つの力>
①協働実践力
　　チームで質の高いサービスを提供する力
②企画運営力
　　プロジェクトを企画運営する力
③発見追求力
　　課題を発見し、その解決方法を追求する力

第2章 高校生に福祉を教える教師から学ぼう　23

カリキュラムの特徴

　福祉専攻科のカリキュラムの特徴を紹介します。国家資格取得に必要となる専門科目の授業や福祉施設での介護実習だけではなく、独自の科目「地域実践」「生活と郷土料理」「レクリエーション援助技術」「実用国語」を設定しています。

【地域実践】　地域に出かけて、福祉の輪を広げる実践を行います。小学生に福祉について授業をしたり、地域にある課題を発見し、地域の人と話し合うなどして、解決方法について追求したりします。

【生活と郷土料理】　周防大島や山口県に伝わる郷土料理を通じ、郷土の生活や文化について学び、誰もがおいしく食べることのできる介護食を考案・調理し、研究成果としてまとめ、地域に発信します。

【実用国語】　国語に関する一般的な教養に加え、福祉の現場で必要となってくる業務の記録を書くために必要な知識について身につけます。実際の施設実習で自分が書いた実習日誌等を教材とし、誰もが読みやすい記録を効率よく書くための演習を繰り返し行います。

＜福祉現場の"今"が学べる＞

- 45を超える福祉施設と連携した介護実習・ボランティア活動
- 実際に福祉施設で働いている施設職員等による講話
- 施設職員と教職員が一緒になって、生徒の実践力を育てる最新の授業を展開

＜島じゅうキャンパス＞

- 周防大島全体がキャンパス
- 地域の方や、周防大島の自然とふれ合うなかで学びをさらに発展・深化
〔例〕地域のお年寄りから、昔の生活の様子等を聞き取るフィールドワーク
〔例〕地域のお祭りや運動会などに参加

＜福祉教育ターミナルとしての機能＞

- 福祉教育ターミナルとしての機能を併せ持つ専門的な教育施設
〔例〕生徒だけでなく地域の方や小・中学生も福祉について学ぶ
〔例〕福祉施設職員や福祉系高校の教職員が研修を行う

インターネットを使い、高校福祉科での特色ある取り組みを調べてみましょう。
また、その取り組みのねらいについても調べてみましょう。

07 高校教員からの声

≫7-1 福祉科教員の対談から

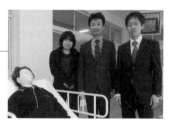

向かって左から、藤本教諭、吉田教諭、岩本教諭

―― 教員をめざした理由

藤本 福祉科の教員をめざした理由などを聞かせてもらえますか。

岩本 私は祖父母と一緒に暮らしていたことや、障害のある友人がいたことがきっかけで、福祉に関心を持つようになりました。進学先を決める際に、教育学部に進もうか悩みましたが、その時は将来、地元で福祉の仕事をしてみようと思い、決断しました。大学入学後に、福祉科の教員免許が取得できるようになり、自分の関心のある福祉と教育の両方が職業にできると考え、福祉科の教員をめざすことにしました。

藤本 そうなのですね。私は福祉科を卒業したのですが、当時の介護の現場は、利用者を拘束する場面を目にすることもあり、課題が多くあると感じていました。しかし、今の自分にはこの現実をどうすることもできないと感じ、進学してもっと福祉を学び、自分にできることを見つけたいと思うようになりました。大学では取れる資格はすべて取ろうと考え、福祉の国家資格とともに教員免許も取得することにしました。取得した資格を生かせる仕事は何か考えた時、教員が一番よいと思い、めざすことにしました。

吉田 私はお2人とは対照的で、いろいろ寄り道をしてきました。高校で福祉に興味を持っていたものの、周囲のすすめで何となく大学を受験。自分の気持ちが定まらないため、なかなかよい結果が出せず、結局、社会体育系の専門学校に進学することにしました。在学中、スポーツトレーナーの実習でアメリカに3週間程度滞在した際、スラム街に迷い込み、命からがら逃げるような怖い思いをしたり、街の中で車イスに乗った方がいきいきと楽しそうに過ごしている様子を目にしたりと、たくさんの衝撃を受けました。貧困や人種差別の問題、日本とアメリカの障害のある人の暮らしの差などを考えさせられました。その後、別の仕事に就きましたが、それまでの経験からやっぱり大学で社会福祉を学びたいと思うようになり、大学に入学。社会の抱える課題を解決するには、福祉教育が大切と考え、今に至ります。

――福祉科教育の課題

岩本 福祉科の教員として、経験を積まれた今、福祉科教育の課題を挙げるとすれば、どういったことがあるでしょうか。

藤本 福祉を学ぼうとする若者が少ないことでしょうか。福祉は大切であると多くの人が感じていながら、どこかで自分とは関係ないことと思っているのでしょうか。福祉の課題は、「無関心」だと思います。

岩本 同感です。少子高齢化や人口減少の進む日本。教科福祉で学習する内容は、全国民に知って欲しい内容です。しかし、福祉を学びたいと考える若者は多いとは言えません。福祉の魅力や重要性を発信し、福祉を学びたいと思う人を増やすことが課題の1つだと私も思います。高校福祉科から、福祉への理解の輪を広げていけるといいですね。

吉田 福祉にとって、国民的な理解は非常に重要だと思います。どのような社会にも相互に生活を支え合うシステムや担い手が必要です。この担い手を増やしていくことが福祉科教育の役割だと思います。担い手といっても、「専門職」を養成することだけではなく、地域で福祉活動に協力したり、そういう風土を創り出したりする「理解者」が増えるだけで社会のあり方も変わっていくと思います。近年、専門科目としても、教養科目としても教科福祉が広がりを見せていないように感じます。「専門職」を育てる専門科目と、「理解者」を育てる教養科目、どちらも福祉社会を構築し、支えていくために必要な両輪だと思うのですが、残念です。

――福祉科教育のこれから

岩本 これまで社会の変化に合わせて、福祉科教育も変わってきました。福祉科教育は、これからどうなっていくと思われますか。

吉田 「住み慣れた地域での暮らしを継続していく」ということを考えると、地域に「人財」（人はその地域の財産であるとの考えから「人材」ではなく「人財」を使用）が必要になります。高校生がその地域を支える人財となっていくことが、その地域にとっての好循環を生み出すのではないでしょうか。教科福祉が介護に傾倒してしまい過ぎないかの懸念はありますが、それはそれで時代の要請でもあります。福祉科教育は、地域の福祉人財を輩出し続けていくという役割をこれからも担うことになるでしょう。

岩本教諭

岩本 福祉科教育のこれからについて、専門職を養成する福祉科教育と、国民の教養としての福祉科教育の2つに分けて考えてみたいと思います。前者では外国人労働者を含む多様な人材が福祉現場に流入することを考えると、確かな知識技術を身につけさせることに加え、多様な人と協働し、チームで質の高いサービスを提供するためのリーダーシップを育てることが必要になってくるでしょう。また後者では、生徒が学習した内容を自身の生活に生かすとともに、それらを多くの人に発信することで、福祉への理解の輪を広げられるといいですね。いずれにしても、福祉科教育に寄せられる社会からの期待は、今後ますます高まるでしょう。

藤本 私は違う視点から考えてみたいと思います。福祉は人を相手にする分野です。人は一人ひとり違い、10人いれば10の答えがあります。そう考えると福祉科教育では、1つの答えを教える教育ではなく、答えを自分で導き出す力をつける教育でなければならないと考えます。まさにアクティブラーニングです。

──授業で工夫していること

岩本 ここからは、ふだんの授業等で工夫されていることなどを教えていただきたいと思います。私は、施設実習を見据えて、ふだんの授業から礼法や態度面の指導を丁寧に行うようにしています。ふだんできないことは、施設実習でもできません。生徒には社会に出る前に、多くのことを身につけて欲しいです。

吉田 授業の導入で、一見授業とは関係ないニュース等を使い、生徒に問を投げかけるようにしています。例えば、無惨な事件を取り上げ、多面的に犯人の状況を考えさせたり、誰か支援できなかったのか、という視点を教えたりします。それらを生かしながら、福祉の視点につなげる授業を展開していきます。メディアに左右されるのではなく、しっかり自分の頭で考えられる人間になって欲しいです。

藤本 答えを言わないようにしています。特に介護過程の授業では、根拠が何なのかが大切です。「なぜ？」「どうして？」という問いを投げかけつづけ、生徒が答えを導き出すことを大切にしています。

──授業以外で工夫していること

岩本 私は生徒と多くの言葉を交わすようにしています。何気

吉田教諭

ない会話も、信頼関係を築くのに必要です。雑談からキャッチできる情報も多いです。他には、なるべく元気な姿を生徒に見せたいと思って、健康管理にも気を配っています。先生が元気だと、学校がワクワク、楽しいものになるように思います。

吉田　生徒との距離感を大切にしています。悩みがあれば相談でき、かつなれなれしくならない距離を意識しています。

藤本教諭

藤本　生徒観察です。生徒同士の話に聞き耳をたてます。また、眉毛、髪型、表情などの変化にもいち早く気付けるように、ふだんから観察をしています。そのほかには、生徒の荷物の置き方の指導もします。例えば、実習先でバックのチャックを全開で荷物を置く生徒もいます。私生活が学校生活に出て、学校生活が施設実習で出てしまいます。

——仕事と私生活のバランス

吉田　仕事に対する価値観は、人それぞれ。教員は仕事に生きがいを見出す人も多い職業だと思います。そんな中で、私は仕事と家事、育児をやって一人前だと思っています。こころ豊かに生活できるように、生活のバランスは大切にしたいです。

藤本　私は3人の子どもを育てながら、働いています。大変ですが周りの協力を得て、何とかやっています。私生活も充実した幸せアピールのできる教員になることが今の目標です。

岩本　授業で仕事と私生活のバランスについて、生徒に考えさせることがあります。福祉科の教員ですので、胸を張って生徒に話ができるようにはしたいと思っています。また、生徒に様々な指導をする上で、自分の経験や考えを語ることもあります。仕事以外の時間を充実させることで、生徒に語れることも増えるように思います。

◎福祉科教員3人から、福祉科教員をめざす皆さんへ
「広い視野と、大人としてのバランス感覚、そして、何より『生徒のために』という熱意を持った先生になってください」

  　高校福祉科教員の対談を読んでの気づき・感想を、グループで共有しましょう。
　高校福祉科教員の専門性について、あなたの考えをノートにまとめた上で、人に伝えましょう。

≫7-2 福祉科教員からのメッセージ

Active Learning

山口県立大学社会福祉学部を卒業し、現在、私立高校の福祉科教員として活躍している久保田教諭からのメッセージです。読んでみましょう。
久保田先生は、福祉科の生徒たちにどのようなまなざしでかかわっていらっしゃるのでしょうか。先生の声から、高校福祉科教員の姿をイメージしていきましょう。

ひと口に「福祉を学ぶ高校生」と言っても、その背景は十人十色です。

高い志を持つ者、他者のすすめ、不本意だけどなど、入学した動機も様々なのが現状です。なかには福祉に対して、"毎日たいへん"、"給料が安い" など、漠然としたマイナスイメージを持つ生徒もいます。また、家庭環境が複雑であったり、精神的な疾患や発達障害の診断を持っていたり、生徒自身が生きづらさを抱えているケースも数多くあります。

様々な生徒とかかわり合う中で、私自身も多くのことを知り気づかされる毎日です。

生徒と教員が"共に生きる学習"を

先日、3年生のMさん（女子生徒）が、市内の特別養護老人ホームに就職が内定したことを報告してくれました。「2年生のときの久保田先生（筆者）の授業で『認知症』に興味を持った。認知症高齢者について、もっと知りたいと思ったし、助けたいと思った」と語ってくれました。

私の授業が、彼女の人生に影響を与えるほどの何かを伝えられたという喜びと同時に、やはり、日々の授業は、生徒の人生をも左右する重要な要素なのだと、改めて身の引き締まる瞬間でした。

福祉に初めて触れた生徒たちが、卒業する頃には専門用語を理解し、利用者本位の考え方を根付かせている。

このような"専門性"が身に付いていることを感じられる瞬間が、私たち福祉科教員活動の原動力であり、やりがいでもあります。

「相手の気持ちを考えること」や「お互いの違いを認め尊重すること」の意識が根付くことで、卒業後、福祉に直接携わることのない生徒もより良い人間関係を築くことが可能となるでしょう。

教員が、生徒と一緒に謙虚な気持ちで学び、お互いが疑問や質問をぶつけ、考えを深めていくことで"共に生きる学習"が展開できることを実感しています。そして、日々の福祉科教員活動は、自分自身の人間性も大きく成長させてくれています。

常識にとらわれず"半分常識人"になる大切さ

福祉に関するあらゆる問題を考えるときに大切なのは、常識や先入観にとらわれず、多角的な視点で物事を考えることのできる"半分常識人"になることです。例えば「児童虐待」。家庭環境や経済状況、親の成育歴など、多くの要因が重なり合って発生します。常識で考えれば、子どもに暴力を振るう、育児放棄をすることは絶対に許されず、子どもの人権を著しく侵すことにもなります。では、なぜ児童虐待は起こるのでしょうか。

児童虐待の背景には、核家族化、家庭や地域の養育力の低下や児童虐待に対する認識の高まりなど様々なものがあります。解決のためには、子育てする保護者が独りにならず、「どこか」の「誰か」とつながっている状態になれる環境や社会資源をつくること。それが社会の責任であり、福祉の役割でもあります。このように、"半分常識人"になることで、常識にとらわれていては見えてこない、問題の根本的な原因や背景、解決方法を考えることができます。

「経験したことがないから分からない」「立場が違うから分からない」ではなく、「もし自分だったらどうするだろう」と、自分自身の問題として捉え、考える「想像力」を磨いてください。そして、それを今度は生徒たちが自身の問題として捉え、考えることができるように投げかける「表現力」を磨いてください。

多様な考え方ができ、かつ、自分とは違う他者の考えを素直に受容できる心を、身につけてくださいね。

第3章 福祉の授業づくりにチャレンジしよう

○学びの視点

　第3章では、高校福祉科の授業づくりについて学んでいきます。

　まず、高校福祉科の目標や教科、教科内容等については、文部科学省『高等学校学習指導要領解説　福祉編』（2010年）を参考にしながら学んでみてください。

　そして、いよいよ授業づくりにチャレンジします。福祉の授業実践は、高校福祉科教員の専門性の中核になります。教材研究や教育方法をしっかり学んでいきましょう。授業は計画を立てることから始まります。そして、実践とふりかえりを積み重ねていくことが大切になります。

　ここでは、高校福祉科の教員から、授業づくりのポイントについて提供しますが、授業実践をするのは、あなた自身です。

　積極的に、授業づくりにチャレンジし、自ら学んでいく姿勢で臨みましょう。先生役と生徒役になって、模擬授業を積み重ねていきましょう。

高校福祉科の教育目標と教科

　2009年（平成21）年に公示された「高等学校学習指導要領」で文部科学省の示すところでは、教科「福祉」の教科目標と科目編成とは次の通りです。

教科「福祉」の目標

　教科の目標は次のものです。

> 　社会福祉に関する基礎的・基本的な知識と技術を総合的、体験的に習得させ、社会福祉の理念と意義を理解させるとともに、社会福祉に関する諸課題を主体的に解決し、社会福祉の増進に寄与する創造的な能力と実践的な態度を育てる。

　この教科は、社会福祉に関する知識・技術を体験的に習得することを目的としています。基礎的・基本的な内容を習得することを重視していますが、そのために、社会福祉に関する学習を様々な実践活動や体験的な学習を通して、知識を具体的な生活場面と結びつけ、総合的に身に付けさせることを目指しています。

　そして、福祉教育においては知識・技術の習得はもちろんですが、社会福祉関連の職業に従事する者として、あるいは市民社会の一員として、社会福祉の理念と意義とを理解することが不可欠です。社会の一員として、人間の尊厳やプライバシー、人権を尊重する態度を養うことはとても大切です。

　習得した知識・技術をもとに福祉社会の一員として生活し、これからの福祉社会を創造していくために、社会福祉に関する諸課題を主体的に解決していく姿勢が重要です。教科「福祉」の目標は、知識・技術を生きたものとして習得し、社会福祉の理念と意義を理解して、主体的に実践できる能力を育成することです。

教科「福祉」の科目編成

　科目編成は、「社会福祉基礎」「介護福祉基礎」「コミュニケーション技術」「生活支援技術」「介護過程」「介護総合演習」「介護実習」「こころとからだの理解」「福祉情報活用」の9科目での編成となります。

このうち、「社会福祉基礎」と「介護総合演習」が、原則履修科目です。次の「新旧科目対照表」に、従来の7科目から9科目への変更を示します。

<教科「福祉」の新旧科目対照表>

改定	改定前	備考
社会福祉基礎	社会福祉基礎	整理統合
	社会福祉制度	
介護福祉基礎	基礎介護	名称変更
コミュニケーション技術	社会福祉援助技術	名称変更
生活支援技術		新設
介護過程		新設
介護総合演習	社会福祉演習	名称変更
介護実習	社会福祉実習	名称変更
こころとからだの理解		新設
福祉情報活用	福祉情報処理	名称変更

各科目の目標は何か、各科目の内容はどのようなものかを、「高等学校学習指導要領」を用いて調べましょう。
そして、高校生に各科目の内容をどのように教えるとよいのかを考え、仲間と共有してみましょう。

09　授業づくりにチャレンジしよう

≫9-1　経験を通して学ぶ

　授業づくりについて、山口県立大学社会福祉学部の教職課程履修生への教育から紹介します。

授業づくりのはじめの一歩──「福祉科教育法」の授業

　「福祉科教育法Ⅰ」「福祉科教育法Ⅱ」の授業では、高等学校教諭(福祉)の教員免許の取得を目指す大学3年生が受講します。受講生全員が模擬授業にチャレンジすることに特徴があります。

　ほとんどの学生は、授業をするのが初めてです。多くの学生が授業を計画する前から本当に自分にできるのか不安になるようです。誰もが最初から上手なわけではありません。授業は経験を積むことが一番大切です。大学の授業は、はじめの一歩です。授業づくりの方法を丁寧に学び、主体的に取り組んでいくことが大切になります。

　模擬授業の経験は、受講仲間と学び合い、成長し合える貴重な経験です。模擬授業をする人は先生役です。その他の学生は生徒役になります。その役を演じること(ロールプレイ)で体験的に学ぶことができます。受講生が10人いれば、10回の学びのチャンスがあります。

模擬授業を通して学ぼう

　山口県立大学の「福祉科教育法」の授業では、以下に示すステップで体験的に学びます。

　自分が授業を行う模擬授業は、1回しかチャンスがありません。計画的かつ主体的に進めていきましょう。

◎**学習指導案作成演習から授業実践・評価まで**──山口県立大学の場合

ステップ1　はーと♡ボランティア講座の学習プログラムの立案・実施・評価
ステップ2　「福祉科」の学習指導計画作成→先輩の学習指導案、先輩の授業から学ぶ
ステップ3　各自「福祉科」の学習指導計画作成演習
　　　　　　→「社会福祉基礎」から単元を選択し、学習指導案を作成する（個別指導）
　　《模擬授業までにチャレンジすること》
　　　　□学習指導案作成
　　　　□教材研究
　　　　□ワークシート作成
　　　　□板書計画
　　　　□資料・ICT教材等の準備
　　　　□発問
　　　　□授業シミュレーション
　　　　□学習指導案等の印刷
ステップ4　授業実践（模擬授業）と受講仲間とのふりかえり
ステップ5　模擬授業をもとにしたふりかえり（個別レポート等）

 授業づくりにチャレンジしよう。あなたは、何から始めますか？計画を立てて行ってみましょう。

≫9-2 学習指導案を作成しよう

学習指導要領と指導計画

「学習指導要領」が規定する教科・科目の目標、内容を達成させるために、指導計画に沿って教科指導が行われます。学習指導要領では、生徒に履修させるべき必修・選択科目の標準単位数や最低履修単位数が定められていますが、必要があれば、標準単位数を超えて単位数を増やすこと、学習指導要領に掲げられている科目以外の「学校設定科目」を設けることができます。

「指導計画」とは各学校で作成されるもので、教科ごとに生徒の実態を踏まえて学習効果を上げるために作成されます。指導計画では学習指導の実践について、指導の順序、指導方法、使用教材、指導時間の配当などを具体的に定めます。

指導計画にはその年度の1年間の学習指導を定める年間指導計画、単元ごとの単元指導計画などがあります。年間指導計画を踏まえて作成される授業時間ごとの学習指導計画も、指導計画のひとつです。

指導計画作成の留意点

（1） 生徒の実態把握

学習効果を上げるには、生徒の能力、興味、関心などを生徒の実態を把握して、適切な指導計画を立案します。

（2）学習内容の順序性と各学習領域との関連性

学習内容は易しいものから高度な内容へと、段階的に無理なく配列されるように工夫します。学習内容が多すぎたり難しすぎたりすると、生徒の理解度が下がり、興味や関心が薄れます。また、各科目の内容には強い関連性があるため、それぞれの学習内容の配分や順序を調整します。

（3）教科書との関連

教科書は学習指導要領の内容を充足するように、各科目の学習要領を具体的に示しています。教科書は教科書の編集者・執筆者が各科目の履修の標準単位数などを配慮して、指導要領で示された範囲内で具体的に学習内容を選択して記述しているもので、教科書によって特色があります。

授業では教科書を用いますが、教科書の内容を教材としてどのように授業を展開していくかは教員の裁量に委ねられています。

学習指導計画の作成

学習指導計画は、一般的には以下のように、1単位時間についての指導計画を中心として、それを包含する単元の目標や、指導の構想等が記述されます。

> ●いつ（本時の実施年月日・曜日）
>   どこで（実施場所）
>   誰が（指導者氏名）
>   誰に（学年・クラス・生徒数）
>   何（単元・題材）**を指導するのか。**
> ●その単元・題材は
>   どんなねらい（単元の目標）で
>   どんな内容（単元設定の理由）や
>   内容分析（生徒観や教材観指導観など）を
>   何時間で学習させるのか（単元指導計画）。
> ●本時の学習は
>   その単元の第何時間目で
>   どのような順序（学習の展開）で行うのか。
> ●学習の結果をどのような観点で評価するのか。

学習指導案の作成にあたっては特に、本時の授業が単元全体のどこにあたるかを明確にし、教材の内容と生徒の状態を組み合わせて、授業の形態（講義、演習、実技、実習など）や流れを決めることが大切です。

「社会福祉基礎」の教科書から単元を選び、学習指導案を作成してみましょう。

≫9-3　福祉科の授業における教材研究のポイント

教材研究のポイント──現場の教員から

　授業の目標（ねらい）を達成する、もしくは生徒たちが満足感を得られる授業を展開するために、教材研究は必要不可欠です。生徒たちが意欲的に取り組み、授業の主体となる学習を実施するにはどのような手法を用いたら良いのか、どのような教材を用いたら目標を達成できるのかを、常に考えていかなければなりません。日々の授業を通して生徒の実態や生徒観をつかみ、それを踏まえながら教材を具体化することが必要です。

　福祉の授業で取り扱う内容は、私たちの日常生活、社会生活と密接なかかわりがあります。事実や現実に即した理解をするためにも、新聞やニュース、統計資料（最新のもの）、写真、映像、映画やテレビ番組などを、適宜用います。毎年数値に変動があるものや、新しく施行される法律などについては、教員が関連するニュースに常に目を通すことで情報を収集し、豊かな知識を身に付けるとともに、柔軟な考えを持つことが求められます

生徒の経験と結びつけて

　さらに重要なのは、生徒たちが日ごろから見聞きしているものや、目にしているものと関連付けて聞く（見る）ことができる教材を、用意することです。

　例えば、「バリアフリー」の授業。「バリア（障壁）をフリーにする（無くす）こと」といったように、語句そのものの意味を理解できる説明に加え、点字ブロックやシャンプーの目盛など身近な例を挙げて、可能な限り実物（または写真）を見せます。生徒自身の経験や知っていることと結びつけることでより納得でき、深く理解ができるからです。特に福祉独特の専門用語は、これらを意識して伝えることを心がけています。

板書の工夫につなげて

　また、制度や法律など、文章だけでは理解しづらい内容は、黒板教材（貼り付け教材）を用いて説明します。このような視覚教材を用いる利点としては、生徒の印象に残りやすく、口頭や文字のみの説明に比べ圧倒的に理解がしやす

第3章　福祉の授業づくりにチャレンジしよう　39

くなること、板書が少なくなる分、教員側に余裕が出るので生徒を観察しながら授業を進められること、次の時間にまたがったときや、テスト前などにふりかえりがしやすいことなどが挙げられます。複雑な仕組みや順序を説明するときは、テンポよく流れを意識して授業展開することを心がけます。

　以下の板書例は、「介護保険のしくみ」と「障害者総合支援法の内容」です。このように、教材研究を通して、生徒のわかりやすい授業をするために板書計画を行います。

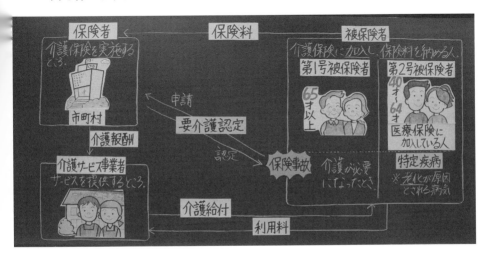

板書例：「介護保険のしくみ」（上）と「障害者総合支援法の内容」（下）

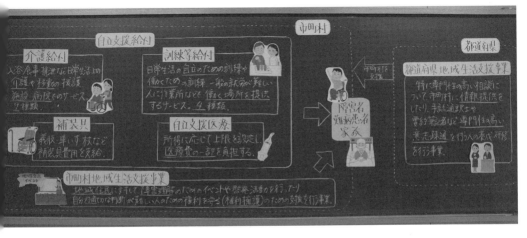

9-4　福祉科の授業におけるワークシートの紹介

ワークシートは生徒の学びを支える教材

　現在、高校福祉科で教員をしている筆者（→第2章7-2）は、「ワークシート」は生徒の学びを支える大切な教材と考えて、授業に必ず取り入れています。

　ここでは、筆者の経験から、福祉科の授業におけるワークシートの紹介をしていきましょう。

授業の流れと連動したワークシート

　1枚のワークシート内に「導入」「展開」「まとめ」があり、授業の流れを意識して展開ができるように完結していることが望ましいです。しかし、無理に1枚に収めようとすると必要な部分までも削られてしまうことがあります。

　また、書き込む分量が少なくなり、生徒が時間を持て余してしまうおそれがあります。資料は別紙に用意する、裏面も活用するなど、生徒の実態を踏まえて「書く・聞く・見る」内容のバランスがとれたワークシートにすることが大切です。実際に授業をしたときに、生徒がどんな反応を示しどう展開していくかのイメージを持てるワークシートが作成できると良いですね。

　そのため、同時に日々の教材研究や生徒に対するアセスメントも欠かさず行う必要があります。

ワークシートのデザインと内容

　ワークシートは内容だけでなく、見た目のバランスも整えます。筆者の場合、用紙はB4で2段構成（折りたたんでファイルすると、B5になる）、文字の大きさは10～11ポイント、行間は0.5にしています。余白は穴をあける左側を少し多めに取り、後は上下のバランスを整えていきます。タイトルや掲載する資料など内容によってフォントも使い分けます。

　授業回数を重ねていくうちに枚数も相当量になるので、配布するワークシートには、必ず記名するスペースと「№」をふっています。重要な語句や法律名などは枠の中に記入することで、その授業のポイントが一目でわかるようにしています。

ワークシートの利点と注意点

ワークシートの利点と注意点について、筆者の経験から下の表にまとめました。

利点	注意点
◎教科書にはない新しい情報や、語句の意味を載せることができる。 ◎生徒の考えを記入する欄を、適宜設けることができる。 ◎資料となるデータや写真など、そのつど、必要な情報を載せることができる。 ◎生徒が板書を書き写すことに意識を取られ過ぎず、教員の話を聞く時間や、考える時間を設けやすくなる。 ◎図を書いたり表にまとめたりなど、柔軟な授業構成が可能になる。	◎単なる穴埋め作業にならないようにする必要がある。 ◎板書を、可能な限りワークシートと同じものにする必要がある。 ◎生徒が時間を持てあましたり、集中力を途切れさせたりしないように、ワークシートをうまく活用して授業が展開できるようにする。 ◎紛失しやすいので、ファイルを整理する支援が必要。生徒によっては、個別に支援することも必要。

　このような教員自作の教材は、単に授業の目標を達成する（知識の定着）ためだけでなく、授業に対する生徒のやる気を引き出すという点においても重要な役割を果たしていると考えます。

　ワークシートの例を、次のページで紹介します。

　内容も、見た目も、バランスのとれたワークシートを作成するためにはどうすればよいか、教員生活8年たった今でも試行錯誤の毎日ですが、みなさんがワークシートを作成する際に参考にしてください。

Active Learning

  　ワークシートを作成してみましょう。
　学習指導案とワークシートを作成したら、板書計画を行い、模擬授業にチャレンジしてみましょう。

<ワークシートの例>

第3編 生活を支える社会福祉・社会保険制度
第2章 障害者福祉
3. 身体障害者福祉の推進　P.99〜

社会保障演習 No.22

組　番　氏名

○障害者雇用の取り組み

障害者雇用促進法（　2016　）年　改正
（障害者の雇用の促進等に関する法律）

表旨　障害者の　就労支援　　に関する基本的な法律。

内容
① 法定雇用率　……企業等が　雇用　しなければならない障害者の割合。

一般企業	2.0 ％
独立行政法人	2.3 ％
国・地方自治体	2.3 ％
都道府県等の教育委員会	2.2 ％

民間企業における障害者の雇用状況

平成27年
・障害者総数（　4573133　）人
・実雇用率（　1.88　）％
・達成企業割合（　47.2　）％
・身体→（　3278000　）人
・知的→（　975000　）人
・精神→（　375000　）人

② 従業員数 101 人以上の企業には……
・　障害者雇用納付金　制度（5万円/人）
法定雇用率未達成の場合、不足人数に応じて納付金を納める。
・　障害者雇用調整金　制度（2万7000円/人）
法定雇用率を達成した場合、超過人数に応じて調整金が支払われる。

○共に暮らせる社会を目指して

障害者差別解消法　（　2016　）年 施行
（障害を理由とする差別の解消の推進に関する法律）

表旨　障害者基本法の理念に基づき、障害を理由として障害を理由とする差別　を解消するための措置について定めた法律。

内容
第1条
「事業者は、その事業を行うに当たり、障害を理由として障害者でない者と不当な差別的取扱いをすることにより、障害者の権利利益を侵害してはならない。」
第2条
「事業者は、その実施に伴う負担が過重でないときは、障害者の権利利益を侵害することとならないよう、当該障害者の性別、年齢及び障害の状態に応じて、社会的障壁の除去の実施について必要かつ合理的な配慮をするように努めなければならない。」

ポイント！
① 理由のない　不当な差別的取り扱い　の禁止
正当な理由なく障害を理由として、サービスの提供を　拒否する　こと、場所や時間帯などを　制限する　こと、障害のない人にはつけない条件をつけることなどが禁止されている。

② 「　合理的配慮　」の提供
障害のある人から、社会の中のバリア を取り除くために何らかの対応を必要としているとの　意思　が伝えられたときに、負担が重すぎない範囲で対応することを求めている。
（事業者は対応に努めること）

具体的にどんなことが？
国が作った資料を見てみよう！

第5編 地域福祉の推進と多様な社会的支援制度
第3節 福祉のまちづくりと地域社会の将来

4. 福祉のまちづくり
教科書P.192〜

組　番　氏名　　　　　　　　社会福祉演習 No.9

○福祉のまちづくり
これまで心身にハンディキャップのある人や高齢者などに対する配慮などしたまちづくりがなされてこなかったのはなぜだろう？

心身にハンディキャップのある人々の多くが、入所型の施設で24時間を過ごすというサービス形態が長く続き、街に出かける対象者としても考えられていなかった。

○バリアフリーとまちづくり
1994年　ハートビル法
「高齢者、身体障害者等が円滑に利用できる特定建築物の建築の促進に関する法律」

2000年　交通バリアフリー法
「高齢者・身体障害者等の公共交通機関を利用した移動の円滑化の促進に関する法律」

↓

2006年　バリアフリー新法　制定
「高齢者障害者等の移動等の円滑化の促進に関する法律」

【福祉のまちづくりの理念】

暮らしやすいまち ← → 妊産婦 乳幼児を連れた親 高齢者 体の弱い人 外国人

障害者にとって外出しやすい
様々な権利が行使できる

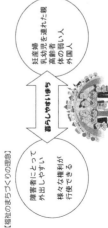

☆考えてみよう！
あなたのクラスに、両足の障害のため車椅子生活を送っている友達がいます。
この友達は、今の県央高校で"ふつう"の学校生活が送れると思いますか？送れないとすると、問題点とその改善点を考えましょう。

場合	問題点	改善点
例）移動	職員室前のスロープ段差	スロープを付ける

○福祉のまちづくりに求められていること
・ 住宅 ・ 道路 ・ 公園 などの物理的な環境整備
　まちづくりを計画的に推進するための 制度 ・ 政策 の充実
・ まちづくりの主人公は、 市民 ・ 住民 であること　※別途資料参考

☆防府市のまちづくりについて☆
①平成9年3月「 山口県福祉のまちづくり条例 」制定
②平成23年4月「 防府まちづくりプラン2020 」制定

≫9-5　アクティブラーニングを導入した授業を計画してみよう

言語活動を取り入れたアクティブラーニングの授業

　学習指導要領では、「生きる力をはぐくむことを目指し、基礎的・基本的な知識及び技能を習得させ、これらを活用して課題を解決するために必要な思考力、判断力、表現力等をはぐくむとともに、主体的に学習に取り組む態度を養うため、言語活動を充実すること」とされています。

　アクティブラーニング（課題の発見・解決に向けた主体的・協働的な学び）には、言語活動の充実が不可欠となります。

言語活動を重視した学習指導上の工夫

　言語活動を重視した学習指導上の工夫を、下表にまとめました。授業の中でどんなふうに取り入れたらよいか、考えながらみてみましょう。

場面	言語活動を充実させるための指導	言語活動	教科「福祉」での工夫
考えを深める場面	意見を交換できる人間関係を築ける。 相手にとって読みやすい丁寧な字を書ける。 自分の意見をまとめ、丁寧な言葉で表現できる。 相手の意見を大切にした、言動がとれる。	ペアで意見を交換する。 付箋を使って話し合う。 ホワイトボードを使って話し合う。	◇校内実習や介護実践の場における実習の後には、その体験を振り返り、十分な時間をかけて考察し、記録にまとめ、発表及び協議するなどの学習活動を充実する。
発表の場面	聞く人にとって聞きやすい声の大きさ、話すスピードで説明できる。 人の発表を最後まで聞くことができる。 相手に伝わりやすい表現を工夫できる。	生徒が説明する。 制作物を使って発表する。 立場を決めて討論する。	◇福祉科の各科目で学習した知識・技術を活用して、福祉・介護を科学的な視点で観察し、社会福祉の問題に対して実施した援助の結果を分析・評価して表現するなど、問題解決の思考力を養う学習活動を充実する。
書く場面	正しい字で読みやすい文章を書ける。 メディアリテラシーを身につける。 タブレットやインターネットなどを活用できる。	レポートにまとめる。 新聞にまとめる。 ICTを活用する。	◇社会福祉人材として必要な倫理観やコミュニケーション能力及び豊かな人間性を育むために、多様な実習場面で人間の尊厳の尊重や自立支援の必要性を前提とし、高齢者・障害者や保健医療福祉関係者などと互いの考えを伝え合うなどして相互理解を深め、信頼関係を構築し、協働する学習活動を充実する。

第3章　福祉の授業づくりにチャレンジしよう　45

<アクティブラーニングの例>

◎学習テーマ①「考えを深める──付箋を使って話し合おう」

学習活動に「付箋」を用いて言語活動を行うことが効果的です。
以下、例を挙げますので受講仲間と実際にやってみましょう。

【学習マップ】
ねらい：要介護者の心身の状態について理解を深めよう。
　　　（1）各自で椅子に目を閉じて座り、3分間動かさない体験をする。

《身体の状態に着目した感想を付箋に書き、グループ内で発表してみよう》
→自分で体を自由に動かせない要介護者の、身体の状態について理解を深め、体位変換の重要性を知る。

　　　（2）代表者が要介護者と介護者の役を演じ、全員でそれを観る。
　　　　　●設定……要介護者は視力と聴力の低下がみられ、コミュニケーションがうまくとれない。
　　　　（ヘッドホンとサングラスを着用）

《コミュニケーションがうまくとれない要介護者の気持ちを想像し、付箋に書き、
グループ内で共有しよう。また、グループでまとめた意見を発表してみよう》
→自分の思いが伝わらないもどかしさや、そこから生じるあきらめのような気持ちなどの要介護者
の気持ちを想像し、それに合わせたコミュニケーション技術について知る。

◎学習テーマ②「発表する──授業をしてみよう」

【学習マップ】
ねらい：既習事項を活用し、国家試験の問題に挑戦してみよう。
　　　（1）各グループで国家試験の問題を1問解く。解く問題はグループ毎に異なる。

《グループ内で意見を出し合い、問題を解き、解説についてまとめる》
→既習事項の復習。

　　　（2）同じ問題を解いていない者同士でグループを再編し、各グループで生徒が授業を行う。

《グループ内で自分の解いた問題について、授業を行う》
→自分の役割を持って、クラスメイトに説明等を行う。

Active Learning
アクティブラーニングを導入した授業を計画してみましょう。

≫9-6　ICTを導入した授業を計画してみよう

ソフト・アプリの活用①──プレゼンテーションソフト

　限られた授業時間の中で、アクティブラーニングや生徒の学習状況を確認する時間を確保するには、どうしたらよいでしょうか。

　工夫の1つとして、プレゼンテーションソフトの活用が挙げられます。スライドを事前に準備し、プロジェクター等で投影すれば、教員が板書をし、生徒がそれを待つ時間が短縮できます。さらに、教員は黒板に向かう時間が減る分、生徒の様子を確認しやすくもなります。

　プレゼンテーションソフトを使用する際、気をつけなければならないこともあります。黒板と違い、スライドの情報は次のスライドに移れば、見えなくなってしまいます。スライドの文字数は短時間でも生徒が読み、書き取れる数としましょう。また、ワークシートを工夫して、要点だけを書き取るようにすることも必要です。

ソフト・アプリの活用②──タイマーアプリ

　近年、学校現場へのタブレット端末の導入が進んでいます。それに合わせて、学校向けのアプリの開発も増えており、生徒の授業への意欲を高めてくれるものもあります。いろいろな授業で手軽に活用できるアプリとして、タイマーアプリがあります。

　残り時間が視覚的に理解しやすく表示され、グループで話し合う場面を設定する場合などに有効です。生徒は時間を意識して課題に取り組むことができ、学習活動にメリハリが生まれます。

カメラ機能の活用①──ワークシートを拡大表示

　授業で自分の意見を発表する場面を、思い浮かべてみましょう。あなたはこれまで、どのような発表の仕方をしていたでしょうか。

　タブレット端末のカメラ機能を使えば、生徒が書いたワークシート等を静止画で撮影し、スクリーンに大きく投影することができます。個人やグループの意見を発表する際に、別の用紙に大きく書き直す必要が無くなり、短時間で

第3章　福祉の授業づくりにチャレンジしよう　47

発表の準備ができます。ワークシート等への記入の際に、太めのマジック等で書けば、より見やすい画像にすることができます。ICT（Information and Communication Technology：情報通信技術）の活用で、より効果的な発表や意見交換ができます。

カメラ機能の活用②——人間の自然な動きを見る

あなたは椅子から立ち上がる時、どのように体を動かしているでしょうか。人間の自然な動作を理解せずに介助してしまうと、要介護者も介助者も、体に負担がかかってしまいます。

しかし、人間の自然な動作は無意識で行っているものも多く、自分では気づきにくいものです。介護福祉基礎の授業で、人間の自然な立ち上がり動作について考えるという演習を行うことがあります。

生徒は、日常生活において立ち上がり時に不自由さを感じないため、立ち上がり動作のポイントに気づけないことがほとんどです。そんな時、タブレット端末のカメラ機能を使い、生徒に立ち上がりの動作を撮影させ、その映像からポイントを見つけるといった方法も効果的です。繰り返し再生することやスローでの再生もでき、無意識に行っている動作について、しっかりと確認することができます。

　　ICT教材を効果的に用いることの意義を考えて、ノートにまとめた上で、仲間と共有しましょう。
　　福祉教育に適したICT教材を探し、その教材の活用方法や意義について仲間に伝えてみましょう。

≫9-7 模擬授業の実際から

Active Learning

山口県立大学社会福祉学部の学生(本書記載時4年生)が「福祉科教育法」の授業で実際に行った模擬授業の実践から学びましょう。模擬授業を通して学ぶ内容をイメージした上で、授業の準備を計画的に行っていきましょう。

模擬授業「福祉のまちづくりと地域社会の将来」の授業づくり

筆者が大学3年生の時に、「福祉科教育法Ⅱ」で実践した「社会福祉基礎」の模擬授業を紹介します。他の受講生には生徒役になってもらい、50分の授業を行いました。学習指導案を紹介します。

<学習指導案>

1.単元名	福祉のまちづくりと地域社会の将来
2.単元目標	福祉社会を創造する住民主体の地域福祉の考え方や進展について知り、理解を深め、地域福祉の将来について考えていく。また、バリアフリーと福祉のまちづくりの関係性について理解する。
3.単元設定の理由	(1)生徒観 入学して半年以上が経ち、福祉に関する知識が徐々に深まっているが、経験がなく、学習期間も短いため、具体的なイメージを持つことが難しいようである。クラスの雰囲気は明るく、教師からの発問に対して積極的に発言できる。消極的な生徒も教師が促すことで発問に応じることが出来る。 (2)教材観 これまでのまちづくりについて学び、まちづくりに対する考え方が時代や社会の変化とともにどのように変化したかの考え、バリアフリーと福祉のまちづくりとの関係性を理解する。また、バリアフリーについて自分たちの生活とのかかわりについて考える。 (3)指導観 まちづくりとはそこに暮らす住民すべてにとって住みよい環境をつくっていくことを意味しており、自分たちの日頃の暮らしの中にもかかわりのある身近なものであることを理解してもらう。主に教科書やワークシート、資料を使って学びを深めていく。福祉のまちづくりについて、生徒が主体的に学びながら理解を深めることができるような授業を展開していきたい。
4.指導計画	地域福祉の進展と地域の将来 (1)地域福祉活動とボランティア(1時間) (2)非営利民間福祉活動(1時間) (3)福祉のまちづくりと地域社会の将来(本時)
5.本時の指導	(1)主題 　福祉のまちづくりと地域社会の将来について考えよう (2)目標 　・まちづくりの理念を学び、地域社会の将来について考える。 　・身の回りのバリアフリーについて考え、関心を持つ。 (3)準備物 　教科書、ワークシート、資料等
6.評価	・まちづくりの考え方を学び、どのように変化してきたか理解することができたか。 ・身の回りにあるバリアフリーについて考え、関心を持つことができたか。 ・グループでの話し合いに積極的に参加できていたか。

第3章　福祉の授業づくりにチャレンジしよう　49

（学習指導案続き）

段階	学習内容	学習活動	指導上の留意点等	備考・資料等
導入 5分	・挨拶 ・前時の学習内容の確認 ・本時の授業内容を知る	・前時の学習内容を振り返る ・本時の授業内容を確認する	・前時の学習内容を説明し振り返りを行う ・本時の授業内容について説明し、教科書を開くように指示する	・教科書 ・ワークシート
展開 35分	・まちづくりとは ・バリアフリー ・地域社会の将来	・教科書p192「福祉のまちづくり」を読む ・まちづくりに対する考え方が時代や社会の変化とともにどのように変化したか知る ・説明の内容からワークシートの空欄を埋める ・黒板に提示した、バリアフリーをあらわすマークの例を見る ・提示した資料についての問いを考える ・教科書p192「バリアフリーとまちづくり」を読む ・まちづくりにおけるバリアフリーについて理解する ・説明の内容からワークシートの空欄を埋める ・バリアフリーとまちづくりの関係性について理解する ・教科書p193「地域社会の将来」を読む ・地域福祉計画を前の席から回して、見る ・説明の内容からワークシートの空欄を埋める ・市民参加のまちづくりについて理解する ・自分にできる福祉のまちづくりについて考える ・出た意見を発表し、全体で共有する	・教科書p192「福祉のまちづくり」を読むように指示する ・まちづくりに対する考え方の変化について説明する ・ワークシートに記入するように指示する ・空欄の答えを発言するように指示する ・マークの意味やマナーがかかれている場所について一人で考える ・隣の人と意見を交わす ・出た意見を発表するように指示する ・意見を黒板にまとめる ・教科書p192「バリアフリーとまちづくり」を読むように指示する ・まちづくりで、どのようにバリアフリーが取り入れられているか説明する ・ワークシートに記入するように指示する ・空欄の答えを発言するように指示する ・バリアフリーとまちづくりの関係性を説明する ・教科書p193「地域社会の将来」を読むように指示する ・地域福祉計画を前の席から回して、見るように指示する ・ワークシートの空欄を埋めるように指示する ・市民参加のまちづくりについて説明する ・一人で考えた後に、隣の人と共有してもらう ・出た意見を発表するように指示する ・意見を黒板にまとめる	・教科書 ・ワークシート ・別資料
まとめ 5分	・本時の授業内容の振り返り ・単元での学びの振り返りをする ・挨拶	・ワークシートや板書をもとに本時の学習内容を振り返る ・単元での学びを振り返る	・板書をもとに本時の学習内容の説明を行う ・単元での学習内容を説明する	・教科書 ・ワークシート ・別資料

模擬授業を体験して

◎教材研究─どのようにすすめたか、苦労したこと、工夫したこと

福祉のまちづくりについて、高校生にも自分の暮らしとかかわりがあるものだと感じてもらえるよう、生徒の身の回りにあるバリアフリーを例に挙げるなどして工夫しました。制度や政策などの難しい言葉は高校生が想像しづらいと考えたため、ほんものの地域福祉計画や地域福祉活動計画の冊子を生徒に見せるなど、視覚的な説明を増やしました。

また、福祉のまちづくりについての知識だけでなく実践力も身に付けてほしいと考え、町のマップを用いて、障壁とその解決方法を考える活動を取り入れました。

◎ワークシート作りで工夫したこと

下線を引き、文字の太さ・大きさを変化させ、重要な所を強調させました。また、授業では、生徒が個人で考える活動やグループで考える活動を取り入れているので、ワークシートにその考えを書けるようにしました。

そうすることで、生徒がワークシートを見返した時に、学んだことだけでなく、「自分が何を考えたのか」もふりかえれるようにしました。

◎授業実践のふりかえり

この単元では、「まちづくり、地域社会」とう点で、こころのバリアフリーとも言われる人々の偏見や差別について生徒が考える機会にしたいという思いがありました。補足資料として「こころのバリアフリー宣言」を配布し、授業のまとめでは「互いに異なることを認め合い、お互いの人権を尊重し合う」ことの重要性をバリアフリーとつなげて伝えました。

筆者が福祉を学ぶ機会でもあった障害への偏見や差別について、筆者自身も考え直すことができ、いい機会になりました。

◎受講生同士の学び合いから

生徒たちからは、「地域福祉計画などの冊子を見ることで、実際に自分たちの住むまちで、どのように福祉のまちづくりが行われているのかを知り、実感しやすかった」という感想をもらい、生徒が『生活と授業の内容を結び付ける』

ことで、学びを深めることができると感じました。

マップを用いた活動では、「興味を持って活動に取り組むことができた」という感想をもらい、授業では、教師が教えるだけでなく生徒が考える活動も重要だと感じました。

実際に授業をやってみると、緊張してしまい表情がこわばり、それが生徒にも伝わり「前半の授業が固かった」という意見がありました。心に余裕を持って自分らしく授業をするには、事前の準備や練習、それらを通した自信が必要だと考えます。

◎再考察 —— 授業実践を通して学んだこと

授業実践を通して、教師が一方的に知識を教えるのではなく、生徒と一緒に考えながら授業をつくり上げることが大切だと感じました。

そのためには、分かりやすい言葉選びや、視覚的な説明、教室の雰囲気作りなど、生徒の立場に立って授業を行うことが重要です。これは、授業の場でいきなりできることではなく、教材研究など、授業までの準備の積み重ねがあってできることだと感じました。

また、授業というものは単元で分かれていますが、他の単元とのつながりや、生徒の生活とのつながりがあります。授業の内容を知識としてだけで覚えさせるのではなく、生徒が今持っている知識や自分の生活と関連づけながら学びを深めることができるような授業が大切なのではないかと考えます。

◎模擬授業の学びをつなげて

やがて、高校の教員として、実際に生徒に授業を行います。模擬授業を行う中で、課題も多く見つかりました。まずは課題の克服に向けて自分自身の知識・技能の向上に努めたいと思います。

また、模擬授業を行ってみて、生徒と一緒に福祉を学ぶ楽しさを感じることができました。何かを教えることは簡単ではありませんが、生徒と一緒に福祉について考える姿勢を大切に、教員人生を歩んでいきたいと思います。

教育実習を通して学ぼう

○ 学びの視点

　第4章では、教育実習でどんなことを学ぶのかイメージを持ちながら準備をしていきましょう。

　教育実習では、「先生」として生徒にかかわります。授業実践はとても大きな課題となりますが、教育実習では授業だけでなく、生徒や教員との出会いが実現します。福祉を学ぶ高校生の成長発達を支える教員の能力・資質について、体験的に学ぶことのできるチャンスです。

　教育実習がゴールではありません。教育実習後の学びにどうつなげていくかは、あなた次第です。

　教育実習の事後学習を通して、さらに成長するために、主体的に学び続けていく姿勢を保持していきましょう。

10 教育実習の前に

≫10-1　社会人として

　私たちは何かの職業人である前に、一人の人間です。社会を構成し運営するとともに、自立した一人の人間として、力強く生きていくための総合的な力として、「人間力」が提唱されています（平成15年内閣府「人間力戦略研究会報告書」）。

「人間力」を高める

　それによれば、人間力を高めることは、「知的能力的要素」、「社会・対人関係力的要素」、「自己制御的要素」の3つの要素を高めることです。
　「知的能力的要素」は、基礎学力や専門的な知識・ノウハウを持ち、自らそれを継続的に高めていく力です。また、応用力である「論理的思考力」、「創造力」なども含みます。
　「社会・対人関係力的要素」は、コミュニケーションスキルやリーダーシップ、公共心や規範意識など、他者を尊重し切磋琢磨しながらお互いを高めあう力です。
　「自己制御的要素」とは、上記の要素を十分に発揮するための意欲や忍耐力、自分らしい生き方や成功を追求する力などです。

他者と協力し合うために必要なこと

　社会人として、他者と協力するために必要なことを考えてみましょう。当然ですが、それぞれの人が仕事を抱えており、限られた時間のなかでスケジュールを組んでいます。身なりや服装を整えること、挨拶をすること、話す時には相手の目を見ること、時間や約束を守ることなどは信頼関係の基本です。協力して物事を進めるには「ほうれんそう」（報告・連絡・相談）を自主的に行いましょう。

Active Learning

私たちは社会人として、人と信頼関係を築くためにどうすればよいでしょうか。大切だと思うことを挙げて、ノートに書いてみましょう。書いたことを受講仲間と共有しましょう。

≫10-2　福祉を教える、伝える大人（教師）として

福祉科３年生のクラスでアンケートを実施しました。

> Q1）よい先生の条件を１つ挙げてください。
> ⇒A1「話を聞いてくれる」「いつも笑顔」「優しい」「自分の感情をコントロールできる」「一方的な授業をしない」「生徒を叱ることができる」……など
> Q2）学校生活での楽しみを１つ挙げてください。
> ⇒A2「昼休みの時間」「お弁当」「友だちとの会話」……など
> Q3）学校生活でつらいことを１つ挙げてください。
> ⇒A3「勉強が理解できない時」「授業で苦手な人とペアを組む時」「先生の長い話」……など

　よい先生の条件に挙がった「生徒を叱ることができる」という答えは、ふだん彼らと接している筆者にとっては、意外なものでした。教員の指導の意図や生徒を思う気持ちは、生徒に伝わっているようです。

　見方を変えれば、生徒は、教員に多くのことを期待しているということではないでしょうか。「この先生だから授業をがんばる！」「この先生が言うなら素直に聞こう」と、生徒から思ってもらえる教員になりたいですね。

福祉科教員は何のプロフェッショナルなのか？

　高校で教育実習を受け入れることがあります。真剣に生徒と向き合う教育実習生の姿は、現職教員に初心を思い出させてくれます。よく教育実習生から「福祉科の教員をめざすなら、福祉現場の経験があった方がよいでしょうか？」といった質問を受けます。生徒に自身の経験を教材として示すこともでき、福祉現場の経験は生かせると思います。

　福祉科教員は、高校生に福祉を教えるプロフェッショナルです。日々成長する高校生と日々変化する福祉の出会いをどう演出できるかが勝負です。

社会福祉の専門家として

　福祉科教員の「コンピテンシー（能力・資質）」として中核になるのは、社会福祉の知識・技能を兼ね備えていることだといえるでしょう。教員養成大学のカリキュラムに準備されている高校福祉科教員の免許取得にかかわる科目は、すべて教員になるために必要なものになります。じっくり時間をかけて学ぶことができる学生時代に、それらの学習に主体的に取り組んできましょう。

≫10-3 教育実習の前に

「高齢者福祉や介護福祉を教えるという教育活動は、教師がその現場を知っておくことが必要だと考えています」

高校の福祉科で、介護福祉士養成にかかわっている高校教員の言葉です。

実践と理論の融合

社会福祉の知識・技能は、机上のみで習得できる学問ではなく、実践が重視される学問でもあります。あなたが教員になって教壇に立った姿を思い浮かべてみましょう。例えば、「認知症の理解と支援」について生徒に教える際、あなた自身が、認知症のある高齢者とかかわり体験があるかないかで、どう違うか想像してみてください。

教員を目指すあなたには、ぜひ、学生時代に地域社会で生きる多様な人々との出会いと具体的なかかわりを通して、実践と理論の融合を実現させてほしいと思います。

生徒のモデルになる教員になれますか？

教員は生徒の「モデル」になります。思いやりや優しさはもちろん、豊かな福祉観を持った教員として、生徒や周囲の人へのかかわりや環境への働きかけができる者として、教育実践に携わってほしいと思います。

教育実習では、生徒や教員から「先生」と呼ばれます。福祉を専門としている教員としてあなたはどのような人間になりたいですか？ 生徒にどのような先生と思われたいですか？ あなたは生徒のモデルになれるでしょうか？

教育実習に行く前に、このような問いかけをしてみましょう。そして、自分の目標とする教師像を掲げ、少しでも理想に近づくためにどんなことができるか考えてみましょう。

大学生のうちにいろいろな体験をしておくことを勧めます。できれば、1年生の時から、福祉現場に足を運んでみましょう。

実践を積み重ねながら、あなた自身が感じたことや考えたことを、周囲の友人や大学の教員に伝えてみて下さい。また、ボランティアノートを作って記録をしておきましょう。

第4章 教育実習を通して学ぼう 57

 11 教育実習を通して学ぶ

≫11-1 生徒と教員の出会いから学ぶ

「生徒に自分から積極的に話しかけていくことが大切だと思います」
教育実習を経験した大学4年生の佐上さんは語ります。

佐上さんは、生徒の名前をなるべく早く覚えられるよう努力しつつ、授業の合間や放課後、そしてホームルーム担当としてサポートした文化祭の運営等、様々な場面ですべての生徒とかかわるようにしました。

授業を通しての出会い

教育実習では授業を行います。授業を通して生徒との出会いがあります。授業で出会う生徒もいろいろな顔を見せてくれます。生徒の学習に取り組む様子や発問に対する生徒の反応から、たくさんのことを学んでください。教育実習中に何度か授業の経験をすると思います。ぜひ、生徒一人ひとりの顔を思い浮かべながら、授業の準備をして、授業実践をしましょう。

教員との出会い

教育実習では、実習指導担当教員を中心に、他の教員との出会いもあります。先生方の生徒とのかかわりや授業実践、学校内の様々な業務にかかわっている姿から、多くの学びを得てほしいと思います。授業の準備や部活動等、教育実践に奮闘している教員の姿から学びつつ、自分の教師像を描いてほしいと思います。

教育実習は、一生に一度かもしれない貴重な経験です。出会いを意味のあるものにできるかは、あなた自身の心の持ちようです。生徒や教員との出会いから学んだことを、あなたの未来につなげてください。

 生徒や教員との出会いから学んだことを人に伝えてみましょう。グループで、教育実習で学んだことを共有しましょう。教育実習後に、福祉科教員の資質・能力について再考し、あなたの考えを付箋に書いた上でグループで共有しましょう。

≫11-2 授業の省察と成長

　教育実習では、高校生に福祉の授業を行います。ある学生は、高校福祉科1年生の生徒に「社会福祉基礎」の授業を経験しました。2週間で授業を経験できたのは、6回でした。初めての授業は力不足を肌で感じることも少なくありません。しかし、授業の経験を積み重ねることで必ず成長していきます。

生徒一人ひとりの顔を思い浮かべる

　実習指導担当の教員には積極的に質問したり、教材研究を行ったりすることを通して、チャレンジを続けましょう。必ず成長できると信じて取り組んでいきましょう。また、教育実習では、教える生徒の存在を、常に意識して取り組みましょう。ホームルーム担当のクラスの生徒だけでなく、授業をするクラスの生徒とも積極的にかかわりを持ち、生徒理解を深めてください。

　そして、生徒一人ひとりの顔を思い浮かべながら「どのような授業をすれば、生徒たちはもっと輝いた目で授業を受けてくれるだろう」「生徒たちにとってわかりやすい授業はどのようなものか」と考え、授業準備をしましょう。

省察と成長

　教育実習では、たくさんの《省察》をしましょう。教育実習日誌や、サブノートを有効に使い、言語化する作業を大切にしてください。日々の教育実践と省察活動を通して成長してください。

12 学び続ける教師になろう

現場の教員の立場で「学び続ける教員」について、考えてみました。教員になって何年たっても、まだまだ学ぶことはたくさんあります。
これを読んで、感じたことや考えたことを、仲間に伝えてみましょう。
また、教育実習の体験をした人は、その体験をもとに、グループワークで、それぞれの思いを共有してみましょう。

生徒にとっての教員との出会い

「先生と出会えて本当によかったです」
高校を卒業する日に、生徒や保護者からそんな言葉をもらうと、それまでの努力が報われたような気持ちになります。
筆者自身も高校時代を振り返ると、たいへんお世話になった、影響を受けた先生がいます。時が経ち、その先生の授業の様子やお話の細かい内容までは忘れてしまいましたが、その先生の表情や雰囲気は今でも思い出すことができ、街中で再会しようものなら一瞬で生徒の気持ちに戻ってしまいます。
生徒にとってのいちばんの教材は、教員自身なのかもしれません。

教育実習の経験をつなげて

筆者は、教育実習で十分な授業ができませんでした。
それでも、生徒は一生懸命に授業を聞いてくれました。こんな授業では生徒に申しわけないと思った苦い経験があります。この経験が、教員をめざす私の第一歩でした。
教員になってからも、うまくいかないことや日々の業務に押しつぶされそうになることの連続ですが、人間味のある同僚や慕ってくれる生徒、支えてくれる家族のおかげで、教員を続けることができています。
教員には、生徒が激しく変化する社会を生き抜くために必要な多くのことを伝える職責があります。また、教師を頼りにしている生徒や、教員との出会いで未来が開ける生徒もいることでしょう。

学び続ける教員になろう

　生徒に寄り添い、世の中の動きを注視しながら、生徒のために学び続けることのできる教員になりましょう。授業改善のための研究、研修会の参加等を通して学びながらキャリアを積んでいきましょう。

　さらに、福祉を伝え、教える者として、地域社会に貢献できる人になってください。

福祉を伝え、福祉の輪を広げよう
—— 高校生を対象とした福祉教育実践から

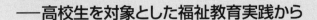

学びの視点

　第5章では、地域社会で進めていく福祉教育の意義と必要性について再考した上で、実際に福祉教育プログラムを企画・立案していく方法について学んでいきましょう。

　福祉教育のプログラムを企画・立案する体験は、教育実践力を身に付けていく練習になります。そのためには、地域で進める福祉教育の実際を幅広く知っておくことや、福祉教育プログラムを企画・立案するときのポイントを理解しておくことが重要になります。

　ここでは、高校生に福祉を伝え、教える活動の事例を紹介していきますので、その事例から学び、福祉教育プログラムの企画・立案にチャレンジしてみましょう。

　また、あなた自身が、ボランティア活動や福祉活動に参加し、その体験から学んだことを高校生に伝える体験をしてみてください。

13 福祉教育プログラムを企画してみよう

≫13-1　地域で進める福祉教育の可能性

　高校生が福祉を学ぶ場は、学校だけではありません。社会福祉協議会や児童館、青少年教育施設等が企画することもあります。例えば、社会福祉協議会と児童館の共催事業で「子ども福祉教室」が実施され、地域の小中高校生が一緒に「福祉」について学ぶために、聴覚障害のある方から手話を教えてもらったり、盲導犬と生活している視覚障害のある方のお話を聴いたりするプログラムがあります。このように、子どもたちが育つ場において、福祉を学ぶ機会が与えられることはどんな意味を持つのでしょうか。考えてみましょう。

　福祉教育は、私たちの身近な生活の中にある課題や問題に気づくことのできる教育ともいえます。また、福祉教育は「共に生きる教育」と表現され、他者と共に生きること、人と人が支え合う意味、思いやりや優しさを醸成する教育ともいえるでしょう。このような教育活動が子どもの育つ場で進められていくことが望まれます。

福祉教育は《福祉の心》の種まき

　福祉教育は、そのテーマに基づいた、《福祉の心》の種まきともいえます。学習者に対しては、押しつけではないメッセージ性のある言葉がけを心がけてほしいと思います。学んだことは、学習者の明日からの生活や、未来につながると思います。その仕掛けをすることも、ポイントだといえるでしょう。

　地域の中で福祉教育を進めていくためには、福祉教育の意義・価値を理解し、具体的な福祉教育の企画・実践を行う実践者の存在が必要不可欠です。大学生にも、できることはたくさんあるはずです。具体的な企画を立案し、福祉教育実践を行ってみましょう。

　地域で進める福祉教育の場は、多様です。あなたの住む地域の社会福祉協議会などで、どのような福祉教育の実践が行われているか調べてみましょう。社会福祉協議会の役割を考察し、学校とどのように連携したらよいか、仲間と意見を出し合って共有してみましょう。

第5章 福祉を伝え、福祉の輪を広げよう　63

≫13-2　福祉教育プログラムの企画・実践

実際に福祉教育のプログラムの企画をしてみましょう。対象とテーマなどを設定し、福祉教育のプログラムを立て、仲間と共有し合いましょう。
インターネットを使って、社会福祉協議会のホームページから、福祉教育に関する資料などを探し、調べてみましょう。

福祉教育プログラムを企画するにあたって

福祉教育プログラムを企画するにあたって、大切にしてほしいことや方法をまとめたものです。参考にして、福祉教育プログラムの企画をしてみましょう。

Ⅰ 企画のポイント	①テーマを決めて目的を明確にする 　福祉教育のテーマ（例：聴覚障害のある方の生活を知ろう等）に基づいて、学習者に何を学んでほしいのかを具体的に検討することが大切です。 　テーマは学習する内容がわかる表現、目的、箇条書きで書きます。 ②プログラムを作成する 　目的を達成するための学習内容・方法を検討し、学習プログラムを作成していきます。時間の枠の中でどのように学習を組み立てていくかを検討します。 「導入」「展開」「まとめ」を学習過程に入れます。 ③教材を効果的に使う 　学習内容・方法を検討していくプロセスで、どんな素材を活用したら教育効果が高まるか、また、その素材を教材としてどのように学習内容に入れるかを検討します。福祉教育実践に活用できる教材として、例えば、新聞、資料、DVD、写真、書籍、絵本等様々なものが教材として活用できます。目的を達成するために教材研究をすすめます。また、教材を活用する場合、プログラムのどこの部分でどのように活用するかを検討することも大切です。 ④体験学習を効果的に行う工夫をする 　福祉教育実践において体験学習はかかせないものです。社会に生きる多様な人々とのであいや日常生活の中であまり意識しない体験を通して、学習者に「気づき」を与えることができます。企画においては、このような体験学習を効果的に取り入れることも大切です。 ⑤体験したことや学習したことをもとに言語化する場面をつくる 　学習を通しての個々の気づきや考察を言語化する作業をプログラムに入れることが大切です。例えば、ワークシートの記入、グループワーク、発表などがあります。

Ⅱ 協働実践者との共有	①関係者への依頼・調整 　福祉教育実践では、学習に協力してくださる方への依頼や連絡調整がかかせません。学習内容によっては、社会福祉協議会に協力を依頼することも必要になります。 ②福祉教育実践者が目的を共有する 　福祉教育実践にかかわるすべての人が、テーマ・目的を共有することが大切です。そのためには学習にかかわる人が共有できるプログラムを作成し、テーマ・目的、学習過程、評価の視点等を知った上で、学習にかかわることがポイントとなるでしょう。
Ⅲ 福祉教育実践の展開	①ファシリテーターを中心としたチームワーク 　ファシリテーター（全体を司会進行する人）が中心になり、企画したプログラムをもとにすすめていきます。学習者の様子をみながら、必要なコメントや支援を行います。 　また、学習形態や学習方法に応じて、協働実践者とのチームワークが大切です。福祉教育実践にかかわるすべてに人が、学習者が学習しやすい雰囲気づくりに努めます。 ②学習者の個々の気づき・思いを大切にする 　学習のプロセスで、学習者が言語化したことや学習者の態度など、個々の気づき、思いを大切にすることからはじめます。
Ⅳ 福祉教育実践のふりかえり	①実践のふりかえり 　企画したプログラムを実施した後にふりかえり（実践の評価）を行うことが重要です。その際、設定した目的と連動させて、評価の観点を作成し、振り返ってみるとよいでしょう。また、学習者の様子や発言、学習時に記入したワークシートや振り返りシートの内容、かかわった実践者の気づきや感想をもとにふりかえり（実践の評価）を行うことがポイントです。 ②ふりかえりを次につなげる 　実践者の評価・検討を行い、その内容をもとに、次の企画に活かすことがポイントです。また、検討した課題は、福祉教育実践者同士で共有することで、課題が整理され、今後の課題も明確化します。

福祉教育プログラムを、企画してみましょう。
企画したプログラムを仲間に伝え、共有しましょう。
〔例〕① 「聴覚障害のある人の理解を深めよう」
　　② 「障害のある人の生活から学ぼう」
　　③ 「視覚障害のある人の理解を深めよう」
　　④ 「ユニバーサルデザインって何？」
　　⑤ 「誰もが安心して生活できる社会をつくるために」
　　⑥ 「福祉ボランティア活動者から学ぼう」

第5章　福祉を伝え、福祉の輪を広げよう　65

14 高校生を対象とした福祉教育実践の実際
――はーと♡ふくし講座の実践から――

　大学生による、高校生のための福祉講座として実施した「はーと♡ふくし講座」（山口県立大学社会福祉学部教職課程生の企画・実施）の一部を紹介します。

≫14-1　高齢者福祉を題材として

企画者の思い

　高校生の「高齢者」に関するイメージには、不便さや不自由さなどの比較的ネガティブなイメージが多いのではないかと考えました。高齢社会と呼ばれる現代社会を生きるにあたって、高齢者と共に社会を生きていくことは必要不可欠だと思います。

　そこで、高齢者の長所や強みといったポジティブな部分にも着目した視点を身につけることも高齢者理解には必要だという思いから、学習プログラムを組み立てました。

企画・立案した学習プログラム

【テーマ】
　「高齢社会をともに生きる――高齢者の幸せな生活を創るために私たちができることを一緒に考えよう」

【対象者】
　高校生

【めあて】
・高齢者の生活をより身近なものとして捉える。
・高齢者と互いに支え合い、共に生きようとする考え方について理解する。
・高齢者と共により豊かな生活を送るためには何が必要かを考える。

当日の学習プログラム（略案）

段階	学習内容	学習活動	指導上の留意点等	備考・資料等
導入 15分	・挨拶 ・グループ内のメンバーと交流をする。 ・本時の講座内容を知る。	・グループ内でのアイスブレイク（名前リレー） ・本時の講座内容を確認する。	・参加者がリラックスして学べ、円滑なグループワークを行えるような雰囲気づくりを心掛ける。 ・学びが深められるよう、本時の目的や内容について説明する。 ・ワークシート等を配布する。	・ICT機器 （パワーポイント） ・ワークシート
展開① 35分	・高齢者の地域生活をより身近にとらえる ・高齢者と共により豊かな生活を送るためには何が必要かを考える。	・参加者の70歳時の生活についてイメージして、グループワークごとにイメージを共有する。 ・事前に用意した架空の事例をふまえ、Aさんのもつ強み（長所）生活課題について考えてワークシートに記入する。 ・グループごとに意見を共有し、全体で共有する。	・ワークシートに記入するように指示をし、机間指導する。 ・ワークシートの進行状況によってヒントを出す。 ・グループになるように指示し、机間指導を行う。 ・グループごとに意見を発表してもらい、全体で共有する。 ・Aさんの生活課題の例を挙げる。 ・ワークシートに記入するように指示をし、机間指導する。 ・必要に応じてAさんの生活課題について説明と補足をする。 ・参加者の意見に対する評価や声かけを行い、発言しやすい雰囲気づくりを心掛ける。	・ワークシート
休憩 10分				
展開② 20分	・高齢者の地域生活をより身近にとらえる ・高齢者と共により豊かな生活を送るためには何が必要かを考える。	・高齢者と支えあい、共生する考え方について学ぶ。 ・高齢者への各サービス、高齢者による支援について生徒の地域での活動の事例を学ぶ。	・事例紹介時、どういった人が取り組みの主体になっているのかなど、生徒への発問を積極的に行う。 ・ICT機器（パワーポイント） ・高校生自身も高齢者と共により豊かな生活を送るための担い手であることに気づく。 ・高齢者が住み慣れた地域で生活するために高校生の立場でどのようなことができるか考え、グループごとに発表する。 ・地域住民やボランティアによる支援の重要性について考える。 ・グループになるように指示し、机間指導を行う。 ・発問をして全体で一緒に考える雰囲気を作る。 ・考察をもとに地域住民やボランティアによる支援の重要性についてまとめる。	・ワークシート
まとめ 10分	・本時の授業内容の振り返り ・単元での学びの振り返りをする ・挨拶	・ワークシートや板書をもとに本時の学習内容を振り返る。	・単元での学びを振り返る。 ・板書をもとに本時の学習内容の説明を行う。 ・単元での学習内容を説明する。	・ICT機器 （パワーポイント） ・ワークシート

福祉教育実践の風景

　講座では、ワークシートとパワーポイントを用いるとともに、アイスブレイクを交えたグループワークも導入して、参加した高校生と学生による高齢者福祉の学び合いを図りました。

　高校生は、アイスブレイクを始めるまで面識のない高校生や学生に緊張している様子でしたが、アイスブレイク後は徐々に緊張も解け、グループワークでは自分の意見や思いを発表するだけではなく、他のメンバーの発表が終わると自然と拍手が各グループから沸き起こっていました。

　同年代の高校生同士、さらには学生との学びあいを経て、高齢者福祉について積極的に学びを深めている様子でした。

高校生の感想を受けて

　感想には、「パワーポイントで説明された、『高齢者と若者が支えあう社会』という言葉に、とても共感しました。高齢者の方々はいろいろな知識をたくさん持っておられると思うので、それを生かしてもらい、老若男女が生きやすい社会にしたいと思います」などが見られ、この講座から自分自身の学びや気づきを得られたようでした。

　福祉教育実践者は一方的な考え方を提示するのではなく、様々な考え方に学び手自身が気づくきっかけを設けていくことが、福祉教育では大切だと感じました。その方法として、グループワークによる学び合いやワークシートによる主体的活動の提供などがあるのだと考えます。

≫14-2　障害者福祉を題材として

企画者の思い

　高校生は「障害」という言葉に対し、ネガティブな印象を抱きやすいのではないかと考えました。そこで、「障害」に対する施策や普段かかわることが少ない家族の想いを聞くことにより、様々な考えをふくらませてほしいと思い、企画しました。

企画・立案した学習プログラム

【テーマ】
　「家族から発信する障害福祉──きょうだい・家族の想いを知ろう」
【対象者】
　高校生
【めあて】
・障害福祉について「障害者差別解消法※」をキーワードにし、私たちの社会とのかかわりを考える。
・きょうだい・家族の思いを聞き、意見を共有することができる

福祉教育実践の風景

　「家族から発信する障害福祉──きょうだい・家族の想いを知ろう」のテーマで講座を進めました。障害福祉について知ってもらうために、「障害者差別解消法」を、ICT機器を用いて高校生に対し視覚的に分かりやすく示しました。
　高校生は真剣な眼差しで話を聞いており、積極的に質問をし、学びを深める姿が多く見られました。
　また、私的体験をふまえたきょうだい・家族の思いを聞き、「自分たちができることってなんだろう」と考え、グループワークでは意見を出し合い、様々な意見を受容している姿勢が見られました。

※　正式な法律名は「障害を理由とする差別の解消の推進に関する法律」（2016年施行）。

第5章　福祉を伝え、福祉の輪を広げよう　69

		当日の学習プログラム（略案）		
段階	学習内容	学習活動	指導上の留意点等	備考・資料等
導入 15分	・挨拶 ・グループ内のメンバーと交流をする。 ・本時の講座内容を知る。	・グループ内でのアイスブレイク（名前リレー） ・本時の講座内容を確認する。	・自己紹介を行い、アイスブレイクの内容を説明する。 ・学びを深められるよう、本時の目的や内容について説明する。 ・ワークシートを配布する。	・ICT機器（パワーポイント） ・ワークシート
展開 ① 20分	・障害福祉について知る。 ・きょうだい、家族の想いを発信	・障がい福祉について「障害者差別解消法」を主とし、イメージする。 ・きょうだい本人の話を聞くことにより、家族にどのような想いがあるのか具体的にイメージしてもらう。 ・知的障害のある自閉症の子どもを育てる家族の思いを聞いて、一人ひとりの感想 ・気づきをもつ。 ・ワークシートの気づき ・感想を記入。	・障害者差別解消法についてパワーポイント・動画を使い説明を行う。 ・パワーポイントを用いて、きょうだい本人が私的体験を発信する。 ・家族の想いを、家族支援にかかわる立場で高校生に伝える。 ・ワークシートの所定欄に気づき ・感想を書くよう呼びかける。	・ワークシート ・ICT機器（パワーポイント） ・Wi-Fi
休憩 5分				
展開 ② 30分	グループワーク	・本講座での学びをグループワークで振り返る。 ・グループ内で感想を共有する。 ・全体共有をする。 （グループ内の代表者に発表してもらう）	・グループで感想を共有するよう指示を出し、机間指導を行う。 ・一人ひとりが感想を言い終えるたびに拍手をするように呼び掛ける。	・ICT機器（パワーポイント） ・ワークシート
まとめ 5分	今日のふりかえり 挨拶	・講義のふりかえりと高校生に向けたメッセージを言う。		・ワークシート

高校生の感想を受けて

高校生の感想には、
「障害者の人の立場に立って考えることが、とても大切だということがよくわかりました」
「障害があるからといって、大好きな家族に変わりはないんだとわかりました」
などが見られ、講座を受けて心を動かしながら、障害のある子どもの生活や家族の思いを知ることができたようです。
　高校生の福祉教育実践を通して、私たちも高校生と共に障害者福祉について改めて考えを深めていくことができました。

　　高校生を対象とした福祉教育は、高校生にどんな学びを与えたか、考えてみましょう。
　　高校生を対象とした福祉学習のプログラムを企画・立案し、受講仲間と共有しましょう。

第5章 福祉を伝え、福祉の輪を広げよう 71

≫14-3 ボランティア活動を題材として

ボランティア活動を題材に学ぶ

福祉を学ぶにあたって「ボランティア」は体験活動として有効です。ボランティア活動は、行った後のふりかえりが大切になります。

「事後学習」と位置付けられることもありますが、ここでは、高校生が行ったボランティア活動のふりかえりを学生がサポートした事例を、紹介したいと思います。

ボランティア活動を題材にした福祉教育プログラムの紹介

【高校生のめあて】

　①ボランティア活動を通して学んだことを一人ずつ発表することができる
　②大学生との交流を通してボランティア活動をがんばってきた自分を肯定し、継続して活動に取り組むための意識を醸成する。

	活動内容	担当、その他
①はじめのことば		大学生
②高校生の活動から	体験したボランティア活動や学んだことについて一人ずる発表する。発表を聴いた大学生よりコメントをもらう。	高校生大学3年生、4年生
③グループワーク高校生と大学生の交流	感想を共有する画用紙に「私にとってボランティア」を一言で表す言葉をかき、それをもとにグループで共有する	高校生と大学生画用紙準備
④まとめ	大学生代表挨拶高校教員	大学3年生

福祉教育実践の風景

　高校生一人ひとりから、自分が体験したボランティア活動について発表してもらいました。高校生が体験を通して感じたことを、しっかりと大学生に伝えることができました。例えば、障害のある子どもの支援にかかわった高校生からは、ボランティア活動をきっかけとして障害のある子どもの支援環境や社会のあり方について考えているという発表がありました。大学生は、高校生の学ぶ姿に感心し、刺激を受けたようです。
　発表の後は、グループワークを通して高校生の活動報告の感想を共有しながら、ボランティア活動を通して学んだことを整理していきました。
　高校生と大学生は、年齢も環境も全く違いますが、この両者がボランティア活動をテーマとし、交流できたことはとても貴重な体験だったと思います。

大学生によるボランティア活動の紹介

　ここでは紹介できませんでしたが、山口県立大学では、高校生のための大学生による「はーと♡ボランティア講座」を毎年開催しています。
　この講座では、大学生のボランティア活動を紹介することを通して、高校生に「福祉を伝える」という活動をしています。ボランティア活動を通して大学生自身が学んだことや共生社会におけるボランティアの役割を伝え、福祉の輪を広げる活動をしています。
　ボランティアは福祉を学ぶ体験学習として有効です。積極的にボランティア活動に参加し、福祉について体験的に理解しましょう。

Active Learning

福祉現場でボランティア活動を行ってみましょう。
自分が体験したボランティア活動や福祉活動を通して学んだことを、高校生に伝える準備をしてみましょう。

15 共に生きる教育《福祉教育》をすすめていく人として
―― 福祉を伝え、福祉の輪を広げよう ――

福祉を伝え、福祉を教える人として

　高校生に福祉を伝え、教えるための学びを積み重ねてきました。

　あなたは、教員免許を取得した者として、どんなふうに社会に貢献したいですか？

　卒業後の進路は、教員採用試験や、あなた自身のキャリア形成のための計画など、全ての人が卒業後すぐに高校福祉科教員になるということではないかもしれません。本書で紹介した教員のように、福祉現場で介護福祉士や社会福祉士として働いた後に福祉科教員になった人もいます。臨時採用の教員としての経験を積んだ後に、都道府県の教員として採用される人や私立高校の教員として採用される人もいます。

　あなたは、大学で学んだことを、これからの人生にどう生かしていきたいと思いますか？　高校生に限らず、子どもや地域住民を対象とした広義の福祉教育実践者としての生き方をイメージしてみてください。

福祉教育を進める人の姿 ── 福祉を伝えるということ

　福祉教育は、どんな教育の特色を持っていると考えますか？　これまで学んできたことを踏まえて考えてください。

　例えば、高校教員なら、「福祉」を専門とする教員として存在していくことが大切でしょう。知識・技術を《教える》のではなく、教員が福祉を伝えていく存在になることです。

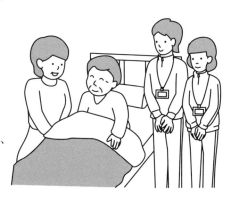

　生徒へのかかわり、他の教員とのかかわりはもちろん、ボランティアや、実習の場面で様々な人にかかわる姿そのものが、高校生に福祉を伝えることになります。

「『ふくし』ってなに？」
福祉について、高校1年生に教えることとします。
あなたは、「ふくし（福祉）」について、どんなふうに高校1年生に伝えますか？
「ふくしとは」をテーマに600字でまとめ、高校1年生に伝える練習をしてみましょう。

参考文献

第1章

1

上野谷加代子・原田正樹監修『新・福祉教育実践ハンドブック』（全国社会福祉協議会）

原田正樹『共に生きること　共に学び合うこと──福祉教育が大切にしてきたメッセージ』大学図書出版、2012年

日本地域福祉学会編『新版 地域福祉事典』中央法規出版、2006年

2

文部科学省『高等学校学習指導要領解説　福祉編』海文堂出版、2015年

大橋謙策編集代表『福祉科指導法入門』中央法規出版、2002年

3

藤田久美編著『未来につながるボランティア──高校生のためのボランティアハンドブック』ふくろう出版、2003年

第3章

8

桐原宏行編著『福祉科教育法』三和書籍、2004年

阪野貢・木下康彦編著『福祉科教育法の構築と展開』角川学芸出版、2007年

保住芳美編著『高等学校新学習指導要領の展開　福祉科編』明治図書出版、2010年

9-5

文部科学省『言語活動の充実に関する指導事例集──思考力、判断力、表現力等の育成に向けて（高等学校版）』教育出版、2014年

あとがき

　本書は、平成28（2016）年度山口県立大学研究創作活動（教員養成課程対応型）「福祉科教員養成課程生の教材開発に関する研究 —— 福祉科教員を目指す学生を対象とした教科書作成」として企画しました。

　教員を目指す学生への教育方法の工夫・改善の取り組みの一環として、授業改善は重要になってくると考えています。アクティブラーニングを導入しながら授業を行うイメージを持ちつつ、編集しました。

　高校福祉科の教員に執筆にかかわっていただき、編集会議や執筆作業を行う過程において、高校教員を養成する大学と現場の教員とで、高校生が福祉を学ぶことの意義や必要性、高校生の教育支援にかかわる教員の資質・能力に必要なものを共有することができました。

　教員を目指す学生には、大学から与えられた学習をただこなしていくのではなく、授業をきっかけとして自ら学ぶ方法をみつけ、学びの世界を広げていく力を身につけてほしいと考えています。

　そのためには、大学の授業においても、アクティブラーニングを積極的に導入し、主体的に学ぶための力を醸成しつつ、授業外においても、個々の学習ニーズにあった学修活動（ボランティア、文献研究等）に取り組むことができるような教育的仕掛けや教育環境の整備が必要になります。

山口県立大学社会福祉学部では、地域の福祉施設や福祉NPOと連携した福祉ボランティア活動を実施できる環境や教職課程生の企画による「大学生による高校生のための福祉講座」を実施しています。学生時代から主体的に学ぶ力を醸成し、地域社会に送りだしたいと思います。卒業後は、教育や福祉の現場、あるいは家庭や地域社会で、福祉を学んだものとして、その専門性を発揮してほしいと思っています。

　激動の時代を生きる子どもの健やかな成長発達には福祉教育が必要だと考えています。共生社会の実現には、まず、身近な人の幸せを思う気持ちから始まります。思いやりの心や優しさが連鎖し、福祉の輪が広がります。その輪を広げていくためには、福祉教育をすすめていく人を育てることが大切なのです。

　子どもたちに福祉を伝え、教えていく福祉教育実践者の育成をめざし、今後も、大学における教育内容・教育方法の工夫・改善に努めていきたいと思います。

　最後になりましたが、出版にあたって、一藝社の菊池公男社長、担当編集者の松澤隆さんをはじめ、スタッフの皆様にご理解とご協力をいただいたことを深く感謝いたします。

山口県立大学社会福祉学部 教授　藤田 久美

◎編著者紹介

藤田 久美 ［ふじた・くみ］

　　山口県立大学社会福祉学部教授

　　山口大学大学院教育学研究科修了。専門は、福祉教育、特別支援教育。山口県立大学社会福祉学部教育実習会議リーダーとして高校福祉科教員と特別支援学校教員の養成に携わる。「福祉科教育法Ⅰ」「福祉科教育法Ⅱ」「教職実践演習」「障害児教育支援法」「障害者教育総論」「特別支援学校教育実習」等、教員養成にかかわる授業を担当。

◎執筆者紹介（順不同）

藤田 久美 （前掲）

　　（執筆担当：第1章1、3　第3章9-1、第4章10-3、11-1、11-2、第5章13-1、13-2、14-3、15）

廣田 智子 ［ひろた・ともこ］

　　山口県立大学社会福祉学部講師

　　九州大学大学院人文科学研究科博士前期課程単位取得退学。山口県立大学社会福祉学部教育実習会議メンバーとして教員養成に携わる。専門は福祉哲学。「デスエデュケーション」「福祉文化論」「福祉科教育法Ⅰ」「福祉科教育法Ⅱ」等の授業を担当。

　　（執筆担当：第1章2　第3章8　第4章10-1 ）

岩本 忠之 ［いわもと・ただゆき］

　　山口県立周防大島高等学校福祉専攻科教諭

　　山口県立大学社会福祉学部平成14年度卒業生。高校福祉科に13年間勤務後、現在は、福祉専攻科で介護福祉士養成にかかわる。

　　（執筆担当：第2章4、5、6、7-1　第3章9-5、9-6、第4章10-2、12 ）

久保田 明子 ［くぼた・あきこ］

　　学校法人三田尻学園 誠英高等学校福祉科教諭

　　山口県立大学社会福祉学部平成20年度卒業生。誠英高等学校福祉科で、福祉科主任として、福祉を学ぶ高校生の教育に携わる。

　　（執筆担当：第2章7-2、第3章9-3、9-4 ）

川田 真亜早 ［かわだ・まあさ］　山口県立大学社会福祉学部 4 年（執筆担当：第5章14-2）
佐上 礼人 ［さがみ・らいと］　山口県立大学社会福祉学部 4 年（執筆担当：第5章14-1）
柴山 　彩 ［しばやま・あや］　山口県立大学社会福祉学部 4 年（執筆担当：第5章14-2）
島田 智子 ［しまだ・ともこ］　山口県立大学社会福祉学部 4 年（執筆担当：第3章9-7）

　※以上、学生は教職課程生。所属は2017（平成29）年1月現在。

アクティブラーニングで学ぶ 福祉科教育法──高校生に福祉を伝える

2017 年 3 月 30 日	初版第 1 刷発行

編著者	藤田　久美
発行者	菊池　公男
発行所	株式会社 一 藝 社
	〒160-0014 東京都新宿区内藤町 1 － 6
	TEL 03-5312-8890
	FAX 03-5312-8895
	振替　東京 00180-5-350802
	E-mail : info@ichigeisha.co.jp
	HP : http://www.ichigeisha.co.jp
印刷・製本	シナノ書籍印刷株式会社

©Kumi Fujita 2017 Printed in Japan

ISBN 978-4-86359-122-6 C3037
乱丁・落丁本はお取り替えいたします

一藝社の本

本書の姉妹編

アクティブラーニングで学ぶ
特別支援教育

藤田久美　編著

A5判　並製　定価（本体1800円＋税）　ISBN 978-4-86359-123-3